Comment travailler avec ce cahier?
Wie finde ich mich in diesem Heft zurecht? Wie kann ich mit ihm arbeiten?

Hallo liebe Schülerin, lieber Schüler,
ich bin Moustique – und in diesem Heft kannst du mit mir zusammen üben und dich auf Tests, Klassenarbeiten und mündliche Prüfungen vorbereiten. Ich weiß, worauf es ankommt und gebe dir viele nützliche **TIPPS** wie das Lernen leichter und erfolgreicher wird, damit der Französischunterricht noch mehr Spaß macht.

Jede Unité besteht aus folgenden Teilen:

1. Einem Übungsteil

Ecouter (et écrire): Hier übst du, Hörtexte zunächst als Ganzes (= global) zu verstehen, beim nochmaligen Hören Einzelheiten (= Details) zu erfassen und gezielt Informationen zu entnehmen.

Jeu de sons: Hier lernst du, genau hinzuhören und Laute zu unterscheiden.

Lire (et écrire): Bei diesen Aufgaben lernst du, einen Lesetext zu verstehen, das unbekannte Vokabular zu erschließen und Verständnisaufgaben zu bearbeiten.

Ecrire: Hier zeigst du, wie kreativ du bist: Mithilfe von Bildern und einer kurzen Situation übst du, eigene Texte zu schreiben. Häufig helfen dir dabei noch Satzelemente oder Wörter.

Médiation: Deine Französischkenntnisse nützen nicht nur dir selbst, du kannst auch anderen damit weiterhelfen. Du gibst die wichtigsten Informationen eines französischen Textes, z. B. einer Internetseite, für deine Freunde oder Eltern wieder, damit auch sie verstehen, worum es geht.

Parler: Hier übst du, Gespräche zu führen. Grundlage ist der „On dit"-Kasten des Schülerbuches. Der erste Schritt sind Monologe oder Dialoge mit Sprechkarten. Später sprichst du frei, bei Dialogen mit einem Partner, z. B. einem Klassenkameraden oder einem Geschwisterkind.

En forme: In diesen Aufgaben übst du die neuen grammatischen Formen und Strukturen einer Unité. Viele Lerntipps helfen dir dabei.

Les mots et les lettres: In diesen Übungen wiederholst du den neuen Wortschatz einer Unité und übst, ihn im Zusammenhang anzuwenden.

Jeu de mots: Hier wird spielerisch mit neuen Wörtern umgegangen.

2. Einer Klassenarbeit *(Interro/Interro orale)*

Die Klassenarbeit enthält die Kompetenzen **Ecouter**, **Lire**, **Ecrire**, **Médiation** oder **Grammaire et Vocabulaire**, wobei jedes Mal eine andere Mischung angeboten wird. Es gibt auch eine mündliche Klassenarbeit **(Interro orale)**, denn in einigen Bundesländern wird eine schriftliche Klassenarbeit durch eine mündliche Prüfung ersetzt. Auch darauf sollst du optimal vorbereitet sein.

CD-ROM

Audiomaterialien

Zu jeder Unité gibt es mehrere Hördokumente.

Lösungen / Lösungsvorschläge *(Solutions)*

Du findest sie zu allen Aufgaben der Unité 1–7. Sie stehen auch im Internet. Mehr dazu re8qy3

En plus – Différenciation

Die Zusatzaufgaben sind zum Teil einfacher als die im Heft. Sie helfen dir, rasch auf das geforderte Niveau zu kommen. Du findest aber auch schwierigere Übungen, die dir helfen, schneller Fortschritte zu machen.

Selbsteinschätzung *(Auto-Evaluation)*

Hier kannst du selbst einschätzen, wie du mit den Aufgaben zurechtgekommen bist. Hinweise auf die passenden Seiten im Schülerbuch, Cahier d'activités und im Grammatischen Beiheft helfen dir, gezielt die „Knackpunkte" zu wiederholen, die dir noch Probleme bereitet haben.

Checkliste *(Liste de travail)*

Mit diesem Arbeits- und Zeitplan kannst du genau steuern, was du wann erledigen musst.

So, jetzt kann es losgehen.
Bon travail et bon courage! *Moustique*

10 Hördokument auf der CD. Die Zahl gibt dir die Tracknummer an.

Partnerarbeit

Gruppenarbeit

→ **En plus** Verweis auf Differenzierungsaufgaben auf der CD:
△ einfachere Übung / Variante des Heftteils
△ schwierigere Übung / Variante des Heftteils

(G1) Verweis auf den Grammatischen Anhang im Schülerbuch und auf das Grammatische Beiheft

Bevor du mit den Übungen arbeitest, ist es wichtig, dass du dir einen Plan machst, in welcher Zeit du was erledigen willst. Es ist immer besser, frühzeitig vor der anstehenden Klassenarbeit mit dem Üben zu beginnen. Auf der CD findest du für jede Lektion eine Checkliste (Liste de travail) als PDF zum Ausdrucken. Fülle sie aus, bevor du mit dem Lernen beginnst.

Hier ein Beispiel:

	üben am	**erledigt und korrigiert am**	**☺ oder ☹**	**Schau im Schülerbuch und Cahier d'activités nach und mache eine weitere Übung.**	**Gehe die Texte der Lektion noch einmal gründlich durch.**
Übungsteil der Unité 3	**En forme** 11.–13.10.	11.–13.10.	☹	Bei den Possessivbegleitern muss ich mir unbedingt merken: „Weiblich vor Vokal wird männlich!" ⟶ **mon école**	
	Médiation 11.–13.10.	11.–13.10.	☹		Ich muss versuchen, nicht zu stark am Text zu „kleben", sondern es einfacher auszudrücken: - Ist sie eigentlich mit ihren Eltern aus Paris angereist? ⟶ - Ta famille est de Paris?
Interro der Unité 3			☺	Gut gekonnt, 26 Punkte erreicht! Ich muss nur noch stärker darauf achten, dass nach „aimer" und „détester" der bestimmte Artikel steht!	

Sieh dir deine früheren Klassenarbeiten an, damit du nicht zweimal die gleichen Fehler machst. Trage in der Tabelle ein, wo du Schwierigkeiten hattest und übe noch einmal.

Probleme in der letzten Klassenarbeit	**noch einmal üben am**	**geübt am**
Hörverstehen (Ecouter) Meist verstehe ich zwar, worum es im Hörtext als Ganzes geht, aber die Fragen zu den Details machen mir noch etwas Probleme.	22.10.	22.10.

Unité 1
Bonjour, Paris!

Salut!
Lies dir im Schülerbuch die entsprechende **Stratégie** durch, wenn du bei einer Kompetenz nicht klar kommst. Z. B. zu der ersten Übung in diesem Heft, **Ecouter**, findest du dazu Hinweise auf der Seite 144.

Ecouter

1 Dialogues

1 **A** *Voilà six dialogues. Ecoute le document et regarde les images. Puis, écris le numéro du dialogue sous la bonne image. (Du hörst jetzt sechs Dialoge. Höre sie und schau dir die Bilder an. Schreibe dann die Nummer des Dialogs unter das richtige Bild.)*

TIPP
Schau dir die Bilder an, bevor du die Dialoge hörst, und überlege kurz, worum es in den Dialogen gehen könnte. Schreibe die Nummer zunächst mit Bleistift. Höre dann die Dialoge nochmals an, korrigiere ggf. deine Lösung und schreibe dann die Zahlen mit Kuli oder Füller.

1

dialogue ____________

2

dialogue ____________

3

dialogue ____________

4

dialogue ____________

5

dialogue ____________

6

dialogue ____________

Ecouter et écrire

2–3 **B** *Ecoute le document et complète les mots.*
(Höre das Dokument und ergänze die fehlenden Wörter.)

TIPP

- Höre zuerst die Dialoge **als Ganzes** (Track 2).
- Höre dann **die einzelnen Sätze** und ergänze die fehlenden Wörter (Track 3).
- **Überprüfe**, was du geschrieben hast (Track 2).

Dialogue 1

Paul 1: Tu ______________________________?

Paul 2: Je suis Paul.

Paul 1: C'est ______________. Moi ______________, je suis Paul. ______________ Paris?

Paul 2: Non, je suis de Nice.

Paul 1: Ah … ______________________!

Dialogue 2

Pierre: Salut, Marie!

Marie: Salut, Pierre!

Pierre: Et là, ______________? C'est un ______________?

Marie: Non, c'est ______________. C'est Minou.

Minou: Miaou!

Pierre: Salut, Minou!

Jeu de sons

2 Ecoute bien. (Höre genau hin.)

4 *Ecoute le document. Puis, coche la voyelle nasale: [ɔ̃] ou [ɛ̃].*
(Höre das Dokument. Kreuze bei jedem Bild an, um welchen Nasalvokal es sich handelt: [ɔ̃] oder [ɛ̃].)

1

[ɔ̃] ☐ [ɛ̃] ☐

2

[ɔ̃] ☐ [ɛ̃] ☐

3

[ɔ̃] ☐ [ɛ̃] ☐

4

[ɔ̃] ☐ [ɛ̃] ☐

Lire

3 Un site Internet (Eine Website)

*Joue au détective. (Du findest im Internet diese Website. Spiele Textdetektiv. Lies dir im Schülerbuch auf S. 145 zuerst die **Strategie** zu **Lire** durch.)*

l'arche de Noé

Lieu

L'arche de Noé
01205 Bellegarde cedex

Contacts

Tél.: 04 50 56 66 50
contact@refuge-bellegarde.fr

Animation

tombola, concours photo, vous pouvez poser vos questions à un éducateur bénévole …

Journée d'adoption à l'arche de Noé

Samedi 27 septembre 2011 de 10 h 30 à 18 h 30

Voilà un nouveau compagnon pour vous …

…

…

100 chats et 70 chiens cherchent une nouvelle famille!

1. Worum geht es auf der Website?

- [ ] Tiere, die ausgesetzt wurden.
- [ ] Ungezogene Tiere, für die ein Trainer gesucht wird.
- [ ] Tieren ein neues Zuhause zu geben.

Welches Wort war für dich das „Signalwort"? ______________________

2. Was können die Tiere für die Person sein, die sich für diese Website interessiert?

- [ ] Ein Model für Tierfotos.
- [ ] Ein neuer Begleiter.
- [ ] Ein Pflegetier.

Welches Wort war für dich das „Signalwort"? ______________________

3. Welche Informationen gibt es sonst noch? ______________________

____

4. Wie würdest du „l´arche de Noé" übersetzen? ______________________

Lire et écrire

4 Dans la rue

Béatrice présente Zoé à Paul. (Béatrice stellt Zoé Paul vor.)

Lis les phrases et mets-les dans le bon ordre.
(Lies die Sätze und bringe sie in die richtige Reihenfolge. Der Anfangssatz hilft dir bestimmt weiter!)

1. Zoé, qui est-ce? — 7. Salut, Béatrice!
2. Ah oui, pardon.
3. Elle est de Toulouse.
4. Salut, Paul! Voilà Zoé.
5. C'est une copine.
6. Je suis de Nice.
7. Salut, Béatrice!
8. Mais non, Paul.

Ecrire

5 Salut!

Regarde les images et imagine des dialogues.
(Schau dir die Bilder an und erfinde passende Dialoge. Schreibe sie in dein Heft. Die angegebenen Elemente können dir dabei helfen, aber Vorsicht: Die Reihenfolge der Elemente stimmt nicht!)

1

Je suis Léa.	Et toi?
Salut!	Attention, madame!
Tu t'appelles comment?	Et merci.
Ça va?	Max, viens ici.
Je m'appelle Maurice.	Ouah, ouah!
Oui, ça va.	Bonjour, monsieur.
Bof!	Merci.

2

3

4

Médiation

6 Zoofantas, un cirque

Am 27. September bist du mit deinen Eltern in Paris. Sie verstehen den Text eines Plakates nicht so ganz, also antwortest du auf ihre Fragen.

Lies zuerst unten die Fragen, dann den Text. Notiere in Stichworten auf Deutsch, was du sagen willst. Lies dir auch im Schülerbuch auf S. 146 zuerst die ***Stratégie*** *zu* ***Médiation*** *durch.*

! **Beachte**
Es ist wichtig, dass du von Anfang an akzeptierst, dass man nicht jedes Wort kennen muss um **das Wichtige** zu verstehen. Versuche einfach aus dem, was du verstehst, die verlangten Informationen zu entnehmen. Die Abbildung hilft dir dabei, deine Englischkenntnisse wohl auch.

1. *Deine Mutter:* Ist das Plakat süß! Wofür macht der Löwe denn Werbung?

   Du: ______________________________

2. *Dein Vater:* Und wo kommen sie her?

   Du: ______________________________

3. *Deine Mutter:* Und für wen kostet es 3 €? Für uns alle?

   ____

4. *Dein Vater:* Jetzt ist es 10 Uhr. Können wir hingehen?

   Du: ______________________________

Parler

7 On se présente. (Man stellt sich vor.)

Du bist mit deiner Freundin Sarah, die wie du auch in Berlin wohnt, in Paris unterwegs. Ihr trefft Michel, einen französischen Kumpel von dir, der Sarah nicht kennt. Du begrüßt Michel und fragst, wie es ihm geht. Er antwortet und fragt, wie es dir geht. Du stellst ihm Sarah vor. Die beiden begrüßen sich. Dann verabschiedet ihr euch.

*Lies dir auch im Schülerbuch auf S. 145 zuerst die **Stratégie** zu **Parler** durch.*

TIPP

Diese Übung machst du am besten mit zwei Freunden oder mit zwei Puppen oder Stofftieren als Statisten, falls deine Freunde keine Zeit haben. Ehe du loslegst, lies dir nochmals den *„On dit"* Kasten auf Seite 23 im Schülerbuch durch.

En forme

8 Malabar et Amandine (G 1)

*Lis le texte. Puis, complète-le avec l'article indéfini. (Lies den Text. Ergänze ihn dann mit dem **unbestimmten Artikel Singular**.)*

Léo est ________ copain de Sylvie, ________ fille de Toulouse. Et Malabar? C'est ________ chat? Non, c'est ________ chien.

Sylvie: Attention, Malabar. ________ monsieur et ________ dame!

Léo: Viens ici, Malabar. Pardon, monsieur, pardon, madame.

Malabar: Ouah, ouah!

Mais qui est-ce? C'est Amandine, ________ copine de Malabar.

Amandine: Ouah, ouah!

En forme

9 Louise, Louis et Ludo (G 2)

→ En plus CD, 3 △

*Lis les phrases et complète-les. (Lies die Sätze und ergänze sie mit den **Singularformen** von **être**.)*

1. – Salut! Je ________________ Louise. Moi, je ________________ de Toulouse. Et toi? Tu ________________ de Paris?

2. – Oui, je ________________ d'ici. Bizarre, moi, c' ________________ Louis! Et c' ________________ Ludo, un chien super! Il ________________ du refuge Grammont[1].

3. – Ah oui, il ________________ fantastique! Toi aussi, tu ________________ super …!

1 du refuge Grammont aus dem Tierheim Grammont

En forme

10 Un garçon de Brest (G 1)

Regarde les exemples et fais des phrases.
(Schau dir die Beispiele an und bilde Sätze.)

Exemple: Ludo/garçon de Brest → Voilà Ludo.
C'est **un garçon** de Brest.

Exemple: Lisa/fille super → Voilà Lisa.
C'est **une fille** super.

1. Pippo/chat bizarre ____________________

2. Rambo/chien fantastique ____________________

3. Nico/garçon de Toulouse ____________________

4. Béatrice/fille de Paris ____________________

5. M. Rigot/monsieur de Strasbourg ____________________

7. Zoé Malet/dame de la S.P.A. ____________________

Jeu de mots

11 Attention, salade de lettres!

→ En plus CD, 4 △

Trouve le mot correct.
(Achtung, Buchstabensalat! Finde das richtige Wort.)

Voilà Manon, une *(ilelf)* ____________ de Paris et Pierre, un *(ronçag)* ____________ de Brest. Et …, qui est-ce? C'est Maurice, un *(cineh)* ____________, mais Maurice est un *(pocnai)* ____________ aussi.

Manon: *(nives)* ____________ ici, Maurice.

Maurice: Ouah, ouah!

Pierre: Attention, un *(somnueir)* ____________.

Le monsieur: Ah non!

Manon: *(pranod)* ____________, monsieur.

Les mots
les lettres

12 Léa, Léo et Fleur

Trouve les mots et écris le texte.
(Finde die Wörter: Forme die Wortschlange in einen Text um. Füge die Abstände nach jedem Wort ein, ergänze Apostrophen, cédilles (ç), Satzzeichen und setze Großbuchstaben, wo nötig.)

quiestcecestléaunefilledeparisetvoilàléoungarcondebrest
ilestaussiuncopaindeléaetquiestcecestfleurunchatbizarre
maisfleurestaussiunecopinefantastique

____

____

____

____

____

____

Les mots
les lettres

13 Moustique et Dominique!

→ En plus CD, 1△

Lis le texte et complète-le.
(Lies den Text und ergänze ihn mit dem jeweils passenden Wort.)

voilà | aussi | toi | mais | c'est | pardon | tu es | ici | et | est

Alex: Bonjour, Dominique. ____________ Moustique.
Attention Moustique. Viens ____________ .

Dominique: Salut, Moustique! ____________ bizarre: ____________ un chien
____________ tu t'appelles Moustique[1].

Alex: Moustique ____________ super. Mais ____________, tu es bizarre! Tu es un garçon
____________ tu t'appelles Dominique[2]. Dominique, c'est une fille ____________ !

Moustique: Ouah, ouah!

Dominique: Bof! ____________, Moustique. Tu es super! A plus, Alex!

---

1 *„Moustique" bedeutet im Deutschen „Mücke"* – 2 *Dominique ist im Französischen ein Name für Jungen und Mädchen, wie im Deutschen Toni.*

Les mots et les lettres

14 Les maths[1], c'est super!

→ En plus CD, 5 △

A *Complète les lettres des nombres. (Ergänze die Buchstaben der Zahlen.)*

*Löse die Aufgabe **A** und schreibe dann die Zahlen in der richtigen Reihenfolge nochmals ab.*

__U__TRE	__N	Z__RO	TRO__	
D__X	DI__	H__T	__IN__	
DOU__	N__F	ON__	SI__	SE__

B *Complète encore des nombres. (Ergänze wieder Zahlen. Diesmal wirst du es kaum schaffen ohne zu rechnen …)*

T__ + Q__ = S__	S__ – C__ = U__
D__ – D__ = D__	N__ + D__ = O__
H__ – T__ = C__	O__ – T__ = H__

Les mots et les lettres

15 Lucie …

Trouve les fautes et corrige-les. (Finde die Fehler im Text und unterstreiche sie mit roter Farbe. Schreibe den berichtigten Text in dein Heft.)

FAUX

Louise: Salu, Amadou! Ca wa?
Amadou: Wi, ca wa. Merci. Eh toi?
Louise: Boff! Je sui avec Lucie.
Amadou: Lucie? Oui est-ce?
Louise: Cest une copaine de papa. Elle et superbizzare.
Lucie: Bojour. Tu est une fille?
Amadou: Non, madam. Je sui un garson. Je sui un copin de Louise.
Lucie: Et tu t'appelle coment?
Amadou: Je m'apelle Amadou. Et je sui de Paris.
Lucie: Mä c'est super. O revoir, Amadou. Vjins Louise.
Louise: O revoir, Amadou. A plys.
Amadou: O revoir. … Qui Louise: elle est bizzare, Lucie.

TIPP

Wenn du dir nicht sicher bist, schau nicht gleich in die Lösungen, sondern suche die richtige Form in deinem Grammatischen Beiheft oder in *Bilan* deines Schülerbuches. Es ist wichtig, dass du lernst, die Hilfsmittel zu benutzen!

---
1 les maths *(f., pl.; fam.)* Mathe *(ugs.)*

ALLES KLAR?
Nach jeder Unité findest du eine **„Interro"**, das bedeutet „Klassenarbeit" („Schulaufgabe"). Sie enthält Aufgaben zu den **Kompetenzen**, die auch in den Aufgaben des Übungsteils vorgekommen sind. Bevor du dich aber an die „Interro" machst, schätze dich selbst ein mit dem „Auto-Evaluations" -Bogen. Du weißt danach genau, was du alles kannst und was du noch wiederholen musst für die „Interro" in diesem Heft, aber vor allem für die Klassenarbeit/Schulaufgabe in der Schule.
Du wirst sehen: „Ça vaut la peine! (Es lohnt sich!)"

Ecouter

1 Salut! Bonjour!

5 **A** *Voilà trois dialogues. Ecoute le document et regarde les images. Puis, écris le numéro du dialogue sous la bonne image. (Du hörst jetzt drei Dialoge. Höre sie und schau dir die Bilder an. Schreibe dann die Nummer des Dialogs unter das richtige Bild.).*

1

dialogue ____________

2

dialogue ____________

3

dialogue ____________

B *Ecoute le document encore une fois. Vrai ou faux? Coche. (Höre das Dokument noch einmal. Richtig oder falsch? Kreuze an.)*

Manon et Gabrielle	vrai	faux
1. Gabrielle est une copine.	☐	☐
2. Gabrielle est de Strasbourg.	☐	☐
3. Manon est de Nice.	☐	☐
Clément et Gaspard	**vrai**	**faux**
1. Clément est un copain de Maurice.	☐	☐
2. Gaspard est un chien super.	☐	☐
3. Louis est un chien.	☐	☐
Joséphine, M. Dupont et Antoine	**vrai**	**faux**
1. Joséphine est une copine de M. Dupont.	☐	☐
2. Antoine est un copain de Joséphine.	☐	☐
3. Antoine est bizarre.	☐	☐

Ecrire

2 Une présentation (Eine Vorstellung)

→ En plus CD, 6 △

Du bist auf der Straße mit Théo, deinem Hund.
Da kommt Léa, eine Freundin, mit ihrem Vater vorbei.
Ecris le dialogue. (Schreib den Dialog.)

1. Du begrüßt Léa und ihren Vater.
2. Beide grüßen zurück.
3. Léa möchte wissen, wie es dir geht.
4. Dir geht es gut.
5. Léas Vater kennt Théo nicht und fragt, wer das ist.
6. Du antwortest.
7. Deine Mutter kommt aus einem Laden, sie sieht dich und Théo und ruft.
8. Du verabschiedest dich.
   Théo auch, auf seine Weise.
9. Léa und ihr Vater verabschieden sich auch.

Médiation

3 Roméo et Julia?

*Du bist in Paris mit deiner deutschen Freundin Julia, die kaum Französisch spricht. Ihr trefft einen französischen Jungen, der Julia gut gefällt, aber der leider nicht deutsch spricht. Du dolmetschst für die beiden. Die Sätze in [Klammern] musst du **nicht** dolmetschen, sie machen aber das Gespräch lebendiger!*

Julia: [Der französische Junge sieht nett aus …] Frag ihn doch mal, wie er heißt.

Du zu dem Jungen: ______________________________

Junge: Salut! Je m'appelle Romain. Et toi? Ah, … et la fille?

Du zu dem Jungen: ______________________________

Julia zu dir: Wie heißt er? Romeo??

Du zu Julia: ______________________________

Julia: [Interessanter Name …] Ist er aus Paris?

Du zu dem Jungen: ______________________________

Junge: Oui, je suis d'ici.

Du zu Julia: ______________________________

Julia: [Und das Wollknäuel, das er da in der Tasche hat,] ist das ein Hund? Er ist komisch!

Du zu dem Jungen: ______________________________

Junge: Bof! Non, c'est un chat. Il est super!

Du zu Julia: ______________ [Das findet er jetzt nicht so nett …]

______________________________.

Julia: Oh, Entschuldigung! Dann sag [mal lieber] tschüss.

Du zu dem Jungen: ______________________________

Julia zu dir: [Ich glaube, ich habe das verstanden …]

Julia zu Romain: [A plus, Romain!]

Schau gleich in den **Lösungen** nach, was prima geklappt hat und was noch nicht so gut läuft (⟶ PDF auf der CD). Dort findest du auch Hinweise, wie deine **Leistung einzuschätzen** ist.

Unité 2

Copain, copine

Ecouter

1 Dans la rue

6 Léa et Romain sont dans la rue. Une fille arrive.

A *Ecoute le document. Puis coche la bonne image. (Höre den Dialog an, um zunächst die Situation zu verstehen. Kreuze dann das richtige Bild an.)*

TIPP

Schau dir vor dem Hören nochmals die Bilder an: Welche Einzelheiten unterscheiden sich? Nun kannst du dir denken, worüber im Einzelnen gesprochen wird.

1

☐

2

☐

3

☐

B *Maintenant, écoute le document encore une fois et coche les bonnes phrases. (Höre das Dokument nochmals und kreuze die korrekten Sätze an.)*

! Es geht beim ersten Anhören nur um die anwesenden Personen und Tiere!

1. Léa et Romain sont à Toulouse. ☐
2. Une fille arrive. C'est une copine de Léa. ☐
3. La fille habite à Paris. ☐
4. Romain habite rue Truffaut. ☐
5. Romain et Léa sont frère et sœur. ☐
6. Médor est le chien de Léa. ☐
7. La fille, c'est Anne. ☐
8. La fille aime le sport. ☐
9. La fille aime la télévision. ☐
10. La fille porte un t-shirt de papa. ☐

C *Maintenant, corrige les phrases fausses. (Korrigiere jetzt die* ***Sätze, die falsch sind.****)*

1. ____________________
2. ____________________
3. ____________________
4. ____________________
5. ____________________
6. ____________________
7. ____________________
8. ____________________
9. ____________________
10. ____________________

eu de sons

2 Ecoute bien. (Höre genau hin.)

7-8 **A + B** *Quel son: [s] ou [z]? Ecoute le document et coche le son correct.*
*(Welcher Laut: **stimmloses -s oder stimmhaftes -s**? Höre das Dokument und kreuze den richtigen Laut an.*
***Achtung:** Bei einem Wort gibt es **beides**!)*

TIPP

Im **A**-Teil der Übung kommen nur Wörter vor, die du kennst. Sie ist als „Aufwärmübung" gedacht. Im **B**-Teil sind es die Namen berühmter Personen, die du vermutlich nicht alle kennst, die aber alle einen **s-Laut** enthalten – aber welchen? Höre ihn heraus.

A	[s]	[z]
1.	☐	☐
2.	☐	☐
3.	☐	☐
4.	☐	☐
5.	☐	☐

A	[s]	[z]
6.	☐	☐
7.	☐	☐
8.	☐	☐
9.	☐	☐
10.	☐	☐

B	[s]	[z]
1.	☐	☐
2.	☐	☐
3.	☐	☐
4.	☐	☐
5.	☐	☐

B	[s]	[z]
6.	☐	☐
7.	☐	☐
8.	☐	☐
9.	☐	☐
10.	☐	☐

Lire

3 C'est pour grand-mère.

Nous sommes dans une maison de la presse à Paris.

Lis le dialogue, puis les phrases. Vrai ou faux? Coche.
Lies den Dialog, dann die Sätze. Richtig oder falsch? Kreuze an.

Une fille: Bonjour, monsieur, bonjour madame. Vous cherchez un journal?
M. Lapierre: Bonjour. Non, on cherche un livre. Une affiche est super aussi.
La fille: Voilà une affiche fantastique. C'est le tour de France. Elle est pour vous?
M. Lapierre: Non, elle est pour grand-mère. Elle habite à Nice.
La fille: Pour une grand-mère?? Alors, une affiche avec un vélo … Bof! Voilà une affiche avec la tour Eiffel.
Mme Lapierre: Mais non. Grand-mère déteste Paris et elle trouve la tour Eiffel bizarre. Elle aime le sport, et elle regarde toujours[1] le tour de France à la télé. Alors l'affiche est super! Merci, mademoiselle.

	vrai	faux
1. Un monsieur et une dame entrent dans un magasin.	☐	☐
2. Ils cherchent un journal.	☐	☐
3. L'affiche est pour la grand-mère de M. Lapierre.	☐	☐
4. La fille trouve l'affiche: bof!	☐	☐
5. La grand-mère déteste le vélo.	☐	☐
6. Elle trouve le sport super.	☐	☐

1 toujours immer

Ecrire

4 Dominique Leblanc

Dominique cherche un copain allemand[1] ou une copine allemande.

Regarde les images et écris le texte pour Dominique.
(Schau dir die Bilder an. Du bist Dominique: Stelle dich im Internet vor. Verwende die Wortelemente.)

TIPP

- Lies dir die **Lösungen der Übung 5** *(Médiation)* durch. Sie können dir als Anregung für die *Ecrire*-Aufgabe dienen.
- Mache die **Übung 4** ein paar Tage später noch einmal. Decke dieses Mal die Wortelemente zu und schreibe den Text frei, ohne die Hilfen.

détester | aimer | un chat | bof! | le sport | frère et sœur | Coco | Paris | habiter | travailler | l'école | papa / M. Leblanc | une catastrophe | une maison de la presse

Dominique Leblanc

1. ____

____

2. ____

3. ____

4. ____

5. ____

6. ____

____

[1] **allemand(e)** deutsch

Médiation

5 Sandrine

→ En plus CD, 3 △

Du suchst eine französische Brieffreundin und findest im Internet einen Eintrag von Sandrine. Ehe du ihr antwortest, zeigst du ihn deinen Eltern, die aber leider kein Französisch verstehen. Auch wenn du nicht alle Wörter in Sandrines Blog verstehst, kannst du die Fragen deiner Eltern beantworten:

Salut les copines,
Je m'appelle Sandrine, j'ai 13 ans et j'habite à Paris avec ma famille.
Ma famille, c'est mes parents, Paul (6 ans) et le chien Archie (3 ans).
Ils sont super! Papa travaille comme ingénieur et maman est médecin.
C'est pratique. Paul et moi, on est frère et sœur. Paul est sympa – dit papa!
Bof! Mais ils aiment le foot, Paul et papa! Moi non. Je déteste ça.
Moi, j'aime la musique, les chansons de Zaz, c'est fantastique, je trouve.
J'aime aussi m'éclater[1] avec mes copines, danser, regarder des BD …
Et toi? Tu es Allemande[2] et tu cherches une copine française?
Vite, écris-moi et viens ici en vacances. Paris est fantastique avec
la tour Eiffel, les Champs-Elysées, les cafés, les touristes …
Et on parle français ici!

A bientôt.

Bises
Sandrine

- Wie alt Sandrine ist und wo sie wohnt,

- ob man etwas über ihre Eltern erfährt,

- ob sie Geschwister und/oder ein Haustier hat,

- ob die Leute Fußballfans sind,

- ob sie Hobbys hat,

- warum sie am Schluss des Blog-Eintrags den Eiffelturm erwähnt?

1 s'éclater Spaß haben – **2 un Allemand, une Allemande** ein Deutscher, eine Deutsche

Parler

6 Ce que[1] j'aime, ce que je déteste.

→ En plus CD, 7 △

Du bist im Schüleraustausch und stellst dich vor.
Du sagst:

- wie du heißt und wo du wohnst,
- ob du einen Bruder/eine Schwester hast (oder beides), wenn ja, wie er/sie heißt/heißen,
- ob du einen Hund/eine Katze/ein anderes Haustier hast, wenn ja, wie er/sie/es heißt,
- was du magst und was du nicht magst.
- Du fragst, was dein(e) Austauschpartner(in) mag und was nicht.

TIPP

Lies dir nochmals den „*On dit*"-Kasten auf Seite 36 im Schülerbuch durch.

En forme

7 C'est le livre de Moustique. (G 3)

→ En plus CD, 2 △, 5

A qui sont les objets? Regarde les images, puis fais des phrases avec l'article défini «le, la, l'».
(Wem gehören die Gegenstände? Schau dir die Bilder an und bilde Sätze mit dem ***bestimmten Artikel Singular le, la, l'****.)*

Beachte

Wem etwas gehört, drückt man mit *de* aus, z. B.: *Moustique est le chien* ***de*** *Marie.* Aber denke daran: **Vor Vokal** wird *de* apostrophiert *(d')*, genau wie *le* und *la* z. B.: *C'est l'affiche* ***d'****Alex.*

Léo | Alex | Anne | Jérôme | M. Pirou | Mme Latière

1. ______________________________
2. ______________________________
3. ______________________________
4. ______________________________
5. ______________________________
6. ______________________________

---

1 **ce que** was

En forme

8 Alex et Pierre? (G 4)

Marie und Alex regardent des photos[1].

*Lis les phrases. Puis, complète-les avec **il, elle, ils** et **elles**. (Lies die Sätze. Ergänze sie dann mit den Personalpronomen **il, elle, on, ils** und **elles**. Mache dir klar, **wofür** die Fürwörter [= Pronomen] stehen können.)*

Alex: Voilà papa. ____________ travaille. Et voilà Jérôme et grand-mère. ____________ sont dans la maison de la presse.

Marie: Et là, qui est-ce?

Alex: Ce sont Sophie et Léa. ____________ habitent rue Nollet aussi. Ici, ____________ parlent avec papa. Sophie, Léa et moi, ____________ aime le judo!

Marie: Et là, qui est-ce?

Alex: Euh, ce sont une fille et un garçon.

Marie: Et le garçon, ____________ s'appelle comment?

Alex: Euh, le garçon s'appelle Pierre.

Marie: Et ____________ est sympa, non? Raconte[2], Alex!

Alex: Non, … oui, … regarde là, c'est à Nice, ____________ sont devant un magasin …

Marie: Ah bon? Intéressant[3], Alex …

En forme

9 Qui est qui? (G 2, 4)

→ En plus CD, 1 △

Sophie, une fille de la 6e F, est devant l'école. Jérôme arrive.

*Lis les phrases. Puis, mets les formes correctes du verbe «être». (Lies die Sätze. Setze dann die richtigen Formen des Verbes **être** ein.)*

Sophie: Je ____________________ Sophie. Et toi, tu ____________________ Jérôme?

Jérôme: Oui, je m'appelle Jérôme. Et voilà Alex. *Sophie:* Vous ____________________ frère et sœur?

Jérôme: Oui, nous ______________________________ frère et sœur.

Alex: Oui, on ____________________ frère et sœur mais moi, je ____________________ l'aînée[4]!!

Sophie: Et Justin et Léa? Ils ____________________ aussi frère et sœur?

Jérôme: Non. Justin ____________________ le copain de Léa … Et regarde là, ce/c' ____________________ Mathilde. Elle rêve[5] d'être la copine de Justin …

---

1 des photos Fotos – **2 raconter** erzählen – **3 intéressant(e)** interessant – **4 l'aînée (f.)** die Ältere – **4 rêver de qc** von etw. träumen

En forme

10 Moustique écoute un CD. (G 5)

Fais 8 phrases. Utilise les éléments de la grille.
(Bilde 8 Sätze: Baue zu jedem Element der ersten Spalte einen Satz. Verwende dabei die Elemente aus Spalte 2 und 3.
***Vergiss nicht** die Präpositionen **à**, **avec** und **dans**, wo nötig.*
Schreibe die Sätze in dein Heft.)

Je	entrer	Paris
Tu	arriver	la rue
Marie	habiter	Mme Latière
Paul	détester	la musique classique
Nous	aimer	le vélo
Vous	regarder	une affiche
Anne et Beatrice	travailler	une BD
Antoine, Clément et Léa	parler	la maison (de la presse)

En forme

11 Une BD de Titeuf (G 4, 5)

Lis les dialogues. Puis, complète-les avec les formes correctes des verbes en «-er» et avec le verbe «être». (Lies die Dialoge. Ergänze sie dann mit den richtigen Formen der Verben auf ***-er*** *und des Verbs* ***être****.)*

Alex et Marie *(être)* ____________ dans le magasin de Mme Latière.

Elles *(regarder)* ____________ une BD. Léo *(arriver)*

____________ . Il *(porter)* ____________ un livre.

Léo: Salut! Vous *(travailler)* ____________ ?

Alex: Salut, Léo. Non, nous *(regarder)* ____________

une BD de Titeuf. Il *(être)* ____________ bizarre, Titeuf.

Marie: Et toi, tu *(porter)* ____________ un livre. Qu'est-ce que c'est?

Léo: Ce/C' *(être)* ____________ un livre de géographie.

Je *(trouver)* ____________ la géo super.

Alex: Tu *(trouver)* ____________ la géo super? Tu *(être)* ____________ bizarre, Léo.

C' *(être)* ____________ les vacances! Viens, on *(regarder)* ____________

Titeuf ensemble[1].

Léo: D'accord. Je *(être)* ____________ en vacances. Et vous, vous *(être)* ____________ sympas[2]!

---

1 ensemble zusammen – **2 sympas:** *Das „s" zeigt den Plural des Adjektivs an (hier: für „vous").*

En forme

12 La tour Eiffel[1] (G 6)

Philippe, 11 ans, et Romain, 5 ans, regardent une affiche.

Trouve les questions de Romain. (Finde die Fragen, die Romain seinem Bruder Philippe stellt.)

TIPP

Schau dir die **Antworten** von Philippe an, das hilft dir, die richtige Fragen zu finden!

Romain	**Philippe**
– Q ______________________?	– C'est une affiche.
– Et le monsieur bizarre? ______________________?	– C'est Gustave Eiffel.
– Et ______________ Gustave Eiffel?	– C'est un ingénieur.
– ______________________ M. Eiffel? A Berlin?	– A Berlin? Mais non, il est à Paris, devant la tour Eiffel.
– Ça, c'est la tour Eiffel? Et ______________________ M. Eiffel devant la tour Eiffel?	– Il travaille, il construit[2] la tour.
– Et le monsieur et la dame? ______________________ détestent?	– Ils détestent la tour, ils la[3] trouvent bizarre.

Les mots les lettres

13 Devant l'école

→ En plus CD, 4 △

Lis les phrases, puis complète-les avec les mots. (Lies die Sätze und ergänze sie mit den Wörtern. Aber Achtung: Die Reihenfolge stimmt nicht!)

viens | d'accord | tiens | pour | ici | alors | dans (2x) | devant (2x) | avec (2x)

Sarah et Elise sont ______________ la rue ______________ l'école. Elles regardent un cahier.

Sarah: ______________, voilà Antoine ______________ Bruno, le chien de M. Rugby. Salut, Antoine!

Antoine: Salut, Sarah! Salut, Elise! Vous travaillez ______________ l'école?

Elise: Oui. Et toi? Tu es ______________, à l'école, ______________ un chien?? C'est la catastrophe!

Antoine: Oui, ______________. ______________ l'école, un chien, c'est la catastrophe. Mais Bruno et moi, on est ______________ l'école. J'ai un trou[4]. Mais je travaille aussi. M. Rugby est en vacances, ______________ moi, je garde[5] le chien. ______________, Bruno! Salut, les filles!

---

1 *Man muss wissen, als der Eiffelturm neu war, hat er nicht allen gefallen.* – 2 **il construit** er baut – 3 **la** sie *(Pronomen)* – 4 **J'ai un trou.** *(fam.)* Ich habe eine Freistunde. *(ugs.)* – 5 **garder** *hier:* hüten

Ecouter

1 Monsieur Laplage à Paris

9 M. Laplage entre dans un magasin à Paris.
Une fille arrive.

A *Ecoute le document et coche la bonne image.*
(Höre den Dialog und kreuze das richtige Bild an.)

1

☐

2

☐

3

☐

B *Ecoute le document encore une fois, puis coche la bonne phrase.*
(Höre das Dokument noch einmal und kreuze die richtige Aussage an.)

1. M. Laplage	travaille à Paris.	☐	**4.** M. Laplage et Mathilde	sont copain et copine.	☐
	est en vacances à Paris.	☐		sont frère et sœur.	☐
2. M. Laplage	aime le sport.	☐	**5.** Mathilde	habite à Berlin.	☐
	aime la tour Eiffel.	☐		habite à Paris.	☐
3. M. Laplage	déteste le vélo.	☐	**6.** Mathilde	aime le sport.	☐
	déteste la musique.	☐		aime la musique.	☐

Grammaire et vocabulaire

2 Dans un magasin de souvenirs[1]

Maurice et Louise de Nice sont à Paris. Ils cherchent des souvenirs.

Complète le texte.
*(Ergänze den Text mit den fehlenden Nomen. Die Zeichnungen helfen dir dabei. Schreibe die **Nomen** mit dem **unbestimmten** oder **bestimmten Artikel**. Bei einigen Verben musst du die **Endungen** ergänzen.)*

1. *Maurice:* Où est le magasin de souvenirs? C'est ici?

2. *Louise:* Non! Zut! Mais voilà  ____________________

____________________. Ça va aussi.

3. Maurice et Louise entr________ dans le magasin.

4. *Une dame:* Bonjour. Qu'est-ce que vous cherch________?

 ____________________,  ____________________

, ____________________,  ____________________?

5. *Louise:* Bonjour, madame. Moi, je cherch________  ____________________,

c'est pour , ____________________ et  ____________________,

c'est pour Paul. Nous aim________ ça.

6. *La dame:* Paul, qui est-ce?

7. *Louise:* Paul et moi, on est  ____________________.

8. *La dame:* Regarde. Tu trouv________ Astérix et Titeuf là, dans 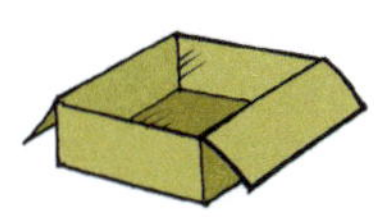 ____________________.

9. *Maurice:* Titeuf? Qu'est-ce que c'est?

10. *Louise:* Titeuf, c'est  ____________________.

Il est bizarre. Viens, on regard________.

---

1 **un magasin de souvenirs** ein Andenken-/Souvenirladen

Ecrire

3 Un entretien (Eine Unterhaltung)

A *Tu es Jasmin Lenhardt et tu es dans la rue à Paris. Voilà Alex. Tu parles avec elle. Trouve les questions. (Du bist Jasmin Lenhardt und bist in Paris. Auf der Straße triffst du Alex. Du unterhältst dich mit ihr. Finde die Fragen. Wenn du dir jedes Mal* ***zuerst die Antwort*** *durchliest, findest du bestimmt die passende Frage dazu.*

Alex: Salut! Tu ______________________________?

Toi: Salut! Je m'appelle Jasmin Lenhardt. Et toi?

Alex: Moi? Je suis Alex. Tu ______________________________?

Toi: J'habite à Berlin.

Alex: ______________ à l'école à Paris?

Toi: Non, je suis en vacances ici.

Alex: Super! ______________________ Paris?

Toi: Oui, j'aime Paris, c'est fantastique. Et toi, ______________________ tu aimes?

Alex: Moi, j'aime le sport. Le judo est super. Et toi?

B *Continue le dialogue.*
(Setze den Dialog mithilfe der Angaben fort.)

1. Du sagst nun Alex, was du magst und was nicht. *(Die Bilder helfen dir.)*

– ____

____

2. Jérôme kommt dazu, du fragst Alex, wer das ist.

– ____

3. Alex antwortet und verabschiedet sich dann von dir.

– ____

4. Du verabschiedest dich auch von ihr.

– ______________________________

Schau gleich in den **Lösungen** nach, was prima geklappt hat und was noch nicht so.
Dort findest du auch **Hinweise, wie deine Leistung einzuschätzen ist.**

Unité 3

Bon anniversaire, Léo!

Ecouter **1** **Madame Arnault et Madame Gros**

10 Madame Arnault et Madame Gros sont dans la rue.

A *Ecoute le document et coche les bons résumés. (Höre das Dokument und kreuze die richtigen Zusammenfassungen an.)*

- ☐ Zwei Mütter unterhalten sich über ihre Söhne.
- ☐ Sie unterhalten sich über den Stress mit ihren Söhnen.
- ☐ Sie sprechen auch über eine Geburtstagsfeier.
- ☐ Sie tauschen Tipps für einen gelungenen Kindergeburtstag aus.

Schreibe jetzt die Bedeutung dieses Wortes auf: la fête: ______________________

B *Ecoute le document encore une fois. Que disent les dames? Coche. (Höre den Dialog nochmals an und kreuze **alles** an, worüber die beiden Damen sprechen.)*

1. ☐

2. ☐

3. ☐

4. ☐

5. ☐

6. ☐

7. ☐

8. ☐

C *Ecoute le document encore une fois et complète les phrases. (Höre den Dialog nochmals an und ergänze die Sätze.)*

1. Le fils de Madame Gros, c'est ______________________.

2. Les deux copains, c'est ______________________ et ______________________.

3. Le garçon invite ________ copains et ________ copines.

4. L'anniversaire, c'est ______________________, le ________ décembre.

5. Un anniversaire, c'est le stress pour les ______________________.

Jeu de sons

2 Ecoute bien. (Höre genau hin.)

11 *Ecoute le document et coche la bonne phrase. (Höre das Dokument und kreuze den jeweils richtigen Satz an.)*

TIPP

Unterscheide genau Laute und Wörter, sie sind nämlich für die Aussage des jeweiligen Satzes entscheidend!

1.	☐ Ah, voilà tes amis!	☐ Ah, voilà des amis!
2.	☐ Qu'est-ce qu'il aime?	☐ Qu'est-ce qu'ils aiment?
3.	☐ Tu prépares un gâteau pour maman?	☐ Tu prépares un cadeau pour maman?
4.	☐ Marine? Elle a deux ans.	☐ Marine? Elle a douze ans.
5.	☐ Ils sont frère et sœur.	☐ Ils ont des frères et des sœurs.
6.	☐ Le 8 mai, demain, c'est mon anniversaire.	☐ Oui, mais demain, c'est mon anniversaire.
7.	☐ J'ai des copains sympas.	☐ J'ai deux copains sympas.
8.	☐ Ah, je regarde …	☐ Ah, un jeu, regarde …

Lire

3 Un courriel[1] pour Philippe

Camille écrit un courriel à son copain Philippe. Lis-le et juge les déclarations dans le tableau avec des smileys. (Lies die E-Mail, die Camille an Philippe schreibt, und bewerte die Aussagen in der Tabelle mit einem lachenden ☺ oder weinenden ☹ Smiley.)

de: Camille@yahoo.fr
à: phil@live.fr

Salut, Philippe,
Aujourd'hui, c'est ton anniversaire, c'est super. Tu as douze bougies sur ton gâteau, c'est ça? Pour demain, tu invites les copains et les copines – moi aussi, c'est sympa, merci. J'aime les gâteaux mais chanter «Joyeux anniversaire»: bof! Je chante faux! J'ai un super cadeau pour toi, mais c'est encore une surprise …
Ma grand-mère arrive aujourd'hui. Elle habite à Toulouse et maintenant, elle a envie d'être avec la famille! J'aime ma grand-mère mais … zut! Je déteste ça: préparer la chambre pour grand-mère avec maman et ranger les affaires dans la maison. C'est une catastrophe! J'ai envie d'être avec toi et les copains aujourd'hui! Alors, Philippe, mon cadeau, c'est pour demain, d'accord?

Salut et à demain!
Camille

Qu'est-ce que Camille aime ☺ ? Qu'est-ce qu'elle déteste ☹ ?

manger des gâteaux		
chanter la chanson d'anniversaire		
faire une surprise		

sa grand-mère de Toulouse		
ranger les affaires		
rester à la maison[2] aujourd'hui		

1 un courriel eine E-Mail – **2 à la maison** zu Hause

Ecrire

4 Une catastrophe

C'est l'anniversaire de Louise.

Regarde les images et écris l'histoire. Les mots sous les images vont t'aider. (Sieh dir die Bilder an und schreibe die Geschichte in dein Heft. Die Wörter unter den Bildern werden dir dabei helfen. Vergiss nicht, in jedem Satz ***zusätzlich ein Adverb*** *[= Wie-Wort]* ***oder eine Konjunktion*** *[= Bindewort] zu verwenden!)*

TIPP

- Sieh dir, bevor du mit dieser Aufgabe beginnst, noch einmal die Übung 2 auf Seite 57 deines Buches an sowie „Auf einen Blick" auf Seite 161.
- Versuche nach ein paar Tagen, die Aufgabe ohne die Wörter zu lösen.

anniversaire / Louise / 11 ans / mère / préparer / gâteau / bougies

famille / chanter / pour Louise / elle / avoir / cadeaux super / elle dit / merci, merci!

le chat / aimer / le gâteau / aussi / manger / le gâteau / une catastrophe!

Parler

5 Qu'est-ce que je sais dire maintenant?

→ En plus CD, 3 △

*Lies noch einmal die Hinweise Nr. 1 in deinem Buch S. 57 (**Bilan**) durch. Stelle dir dann folgende Situation vor:*

- Du lernst ein französisches Kind kennen und erfährst, dass es genau heute Geburtstag hat.
- Natürlich gratulierst du und fragst, wie alt das Kind nun ist.
- Dann sagst du, wie alt du bist und wann du Geburtstag hast.
- Außerdem sagst du noch, dass deine Eltern (deine Familie o. ä.) noch ein Geschenk für dich zum kommenden Geburtstag suchen,
- dass du z. B. Videospiele gerne magst und dauernd vor dem Computer bist, dies aber deinen Eltern nicht so gefällt.
- Und du fragst, ob er/sie auch gerne am Computer spielt.
- Am Schluss verabschiedest du dich, bis bald.

TIPP

Du kannst zunächst einen Zettel mit Stichworten (siehe Lösungen) nehmen, danach versuche es ohne. Wichtig ist, dass du normal laut sprichst, am besten allein in deinem Zimmer, wo dich niemand hört, dann ist es auch nicht „peinlich".

! Wenn für deine Klasse zurzeit keine mündliche Klassenarbeit/Schulaufgabe ansteht, kannst du diese Aufgabe **nach dem mündlichen Üben** auch **schriftlich** machen, dann hast du eine sehr gute Vorbereitung.

Médiation

6 Un mariage[1]

→ En plus CD, 4 △

Deine Familie kommt aus Köln. Ihr seid bei der Hochzeit deiner Cousine. Dort ist auch eine französische Familie eingeladen. Du und deine Schwester, ihr sprecht mit dem französischen Mädchen. Du übernimmst die Dolmetscherrolle, weil deine Schwester kein Französisch versteht.

! Du weißt schon, dass du **nicht Wort für Wort** wiedergeben sollst! Überlege, was in der Frage oder Antwort wirklich wichtig ist! Wenn dir Vokabeln fehlen: Drücke es **anders, einfacher** aus!

1. *Deine Schwester:* Jetzt haben wir schon zusammen am Tisch gesessen, ich finde, wir sollten sie kennenlernen. Frag mal, wie sie heißt und wie alt sie ist.

   Du: ____________________

2. *Delphine:* Moi, je suis Delphine. Delphine Duroc. J'ai 12 ans. Et vous, vous êtes …?

   Du zu Delphine: ____________________

   Du zu deiner Schwester: ____________________

3. *Delphine:* Vous êtes les sœurs de la mariée[2]? Euh, … et vous êtes aussi de Cologne?

   Du zu Delphine: ____________________

   ____

   Du zu deiner Schwester: ____________________

   ____

4. *Deine Schwester:* Ach so … Ist sie eigentlich mit ihren Eltern aus Paris angereist?

   Du zu Delphine: ____________________
   Delphine: Non. On habite à Metz[3].
   Du zu deiner Schwester: Nein, sie wohnen in Metz, das ist übrigens nicht weit von der deutschen Grenze entfernt.

5. *Deine Schwester:* Kenne ich nicht, aber scheint ja nicht so weit zu sein …
   Frag Delphine, ob sie auch Kuchen mag und mit uns Hochzeitstorte essen möchte.

   Du zu Delphine: ____________________

   ____

   Delphine: Ah oui! … Hmmmh, c'est bon!

1 un mariage eine Hochzeit(sfeier) – **2 la mariée** die Braut – **3 Metz** *Stadt in Ostfrankreich, nahe der deutschen Grenze*

En forme

7 Qu'est-ce qu'il y a à l'école? (G 7, 8, 9)

A *Regarde les dessins et écris ce qu'il y a à l'école. Mets l'article correct.*
*(Schau die Bilder an und schreibe auf, was es in der Schule gibt. Setze den **richtigen Artikel**.)*

______________ ______________ ______________ ______________

B *Voilà deux phrases allemandes comme exemple. Lis-les et traduis-les:*
Mets le nom avec l'article correct dans les phrases françaises.
(Hier sind zwei deutsche Sätze als Beispiel vorgegeben. Lies sie und übersetze sie,
*indem du das **Nomen** mit dem **jeweils richtigen Artikel** in die französischen Sätze einsetzt.)*

– Da stehen **Kinder** vor dem Klassenraum.

– Ja, das sind **die Kinder** der 6B, der Klasse von Frau Avril.

– Il y a __________ ______________ devant la salle de classe.

– Oui, ce sont __________ ______________ de la 6e B, la classe de Madame Avril.

Continue: regarde les dessins et complète les phrases avec le nom et l'article correct.
*(Mach weiter: Schau die Zeichnungen an und ergänze die Sätze nun mit **dem Nomen** und **dem jeweils richtigen Artikel**.)*

1. Marielle et Valérie rangent  ______________________________ .

Ce sont ______________________________ de Nicolas.

2. Elles rangent aussi  ______________________________ .

Ce sont ______________________________ de Lucas.

3. Christine et Sophie rangent  ______________________________ .

Ce sont ______________________________ de Madame Avril.

4. Elles rangent  ______________________________ .

Ce sont ______________________________ des équipes[1].

---

1 **une équipe** *hier:* eine Arbeitsgruppe

En forme

8 Les affaires de Philippe (G 11)

Camille et Philippe sont à l'école. Philippe cherche toujours quelque chose[1]!

Lis le dialogue. Puis, complète-le avec les formes correctes du verbe «avoir».
*(Lies den Dialog. Ergänze ihn dann mit den richtigen Formen des Verbs **„avoir"**.)*

TIPP

Achte darauf, dass [a] in „tu as" **mit -s** geschrieben wird, aber in „il a" **ohne**, auch wenn man es gleich spricht!

Philippe: Camille, tu __________ un crayon pour moi?

Camille: Oui, je / j' __________ trois crayons, voilà un crayon pour toi.

Philippe: Merci. Je cherche ma gomme. Tu __________ une gomme?

Camille: Oui, oui, voilà.

Philippe: Merci, merci! Euh, nous __________ des idées pour un texte?

Camille: Nous?? Euh, … moi, je / j' __________ une idée: un texte avec un chien,

il __________ un ami, c'est un chat. Ils __________ toujours des histoires

avec les autres[2] chiens dans la rue.

Philippe: Bravo! Elle __________ une idée super! …

Zut, je cherche mon cahier. Tu __________ un papier[3] pour moi, Camille?

Camille: Pfff! … Voilà Antoine, il __________ toujours toutes[4] les affaires dans son sac!

Ou Nadine et Louise, elles __________ des papiers …

Philippe: Ah, oui … euh, pardon, les filles, vous __________ un papier pour moi?

En forme

9 Des ballons, des ballons … (G 11)

→ En plus CD, 5

Forme 6 phrases avec les éléments des ballons. Utilise tous les ballons rouges. (Bilde 6 Sätze mit den Wörtern aus den bunten Ballons.)
***Beachte:** Alle **roten** Ballons müssen verwendet werden.*

1. ____

2. ____?

3. ____

4. ____

5. ____?

6. ____

1 quelque chose etwas – **2 les autres** die anderen – **3 un papier** ein (Blatt) Papier – **4 tout/toute, tous/toutes** alle

En forme

10 Philippe a des idées? (G 2, 4, 11)

→ En plus CD, 7 △

TIPP

Achte besonders auf die **3. Person Plural** (ils/elles)!

Lis le texte. Puis, complète les phrases avec les formes correctes des verbes «être» ou «avoir».
*(Lies den Text. Ergänze dann die Sätze mit den richtigen Formen von **„avoir" oder „être"**.)*

Philippe: Je / J' ___ une super histoire pour un texte, écoute: «Il y a un chien,

son ami ___ un chat. Ils ___ dans la rue, mais

ils ___ toujours des catastrophes: les chiens de la rue n'aiment pas les chats!

Alors le chat trouve: 'Tu ___ une famille bizarre!'

Et le chien dit: 'Ta famille ___ bizarre aussi!'

Nicole: Et toi, Philippe, tu ___ bizarre aussi! Tu cherches des idées? Non.

Alors, tu ___ une histoire super? Non, NOUS ___ une histoire!

En forme

11 Mes copains ou tes copains? (G 10)

→ En plus CD, 8 △

C'est ta copine? C'est ton copain? Les enfants discutent.

Complète les dialogues avec les adjectifs possessifs.
Les pronoms allemands t'aident.
*(Ergänze die Dialoge mit den richtigen Possessivbegleitern. Die deutschen **besitzanzeigenden Fürwörter** helfen dir.)*

Beachte
Der Possessivbegleiter richtet sich **nach dem Bezugswort**. Im Französischen gibt es keinen Unterschied zwischen **„sein** Freund" und **„ihr** Freund" (**son** copain/ **son** copain), aber einen Unterschied zwischen **seinem Freund** und **seiner Freundin** (**son copain/sa copine**)!

– Léa, c'est ___ copine? – Oui, c'est ___ copine.	deine, meine
– C'est aussi la copine de Marie? – Non, ___ copine, c'est Nadia.	ihre
– Et Jean-Luc, c'est ___ copain? – Ah non, Jean-Luc est ___ frère.	dein, mein
– Ah bon, c'est ___ frère. Et Arthur est aussi ___ frère?	dein, dein
– Non, c'est ___ ami. Et Léa et Eve sont ___ sœurs.	sein, seine
– Eve est l'amie de Jean-Luc, non? – Oui, c'est ___ amie.	seine
– Que c'est compliqué[1], ___ copains et ___ copines …	deine, deine

1 **Que c'est compliqué!** Ist das kompliziert!

Les mots et les lettres

12 La famille de Moustique

→ En plus CD, 6 △

Regarde l'image. Explique la famille et complète les phrases.
(Sieh dir das Bild an. Ergänze die Sätze, indem du die richtigen „Verwandtschafts-beziehungen" einsetzt.)

Voilà la famille de Moustique:

____________ et ____________ sont Théo et Stella.

____________ s'appelle Rocco et ____________ Toutou, ce sont ____________.

Il a ____________, c'est Matie, et ____________, Malou.

Il a aussi ____________ et ____________, Pacha et Caline.

Ils habitent dans la rue. Chipie est ____________ de Moustique,

et Chou est ____________. Ils jouent[1] toujours ensemble.

Les mots et les lettres

13 Allô, papa!

Léo parle au téléphone avec son papa.
(Léo spricht mit seinem Vater am Telefon.)

Complète le dialogue avec une préposition: «à/en/dans» ou avec un autre petit mot important: «où/ou».
*(Ergänze den Dialog **wo nötig** mit einer Präposition: **„à/en/dans"** oder mit einem anderen wichtigen kleinen Wort **„où/ou"**.)*

Léo: Allô, papa, tu es ____________ ?

Père: Ah, c'est toi, bonjour, Léo. Je suis ____________ le train.

Léo: Tu es déjà ____________ France ____________ encore ____________ Allemagne?

Père: Le train est ____________ France maintenant.

Léo: Maman prépare un super gâteau. Tu arrives ____________ bientôt?

Père: Miam, miam[2], oui j'arrive ____________ Paris bientôt pour manger le gâteau avec toi et maman.

---

1 jouer spielen – **2 Miam, miam** hmmm! (= lecker!)

Ecouter

1 Dans une maison de la presse

Madame Duroc est dans le magasin de Madame Ricot.

12 *Ecoute le document deux fois, regarde les images et lis les questions. Puis, coche la bonne réponse. (Höre das Dokument zweimal, schau dir die Bilder an und lies die Fragen. Kreuze dann die richtige Antwort an.)*

1. Que cherche Madame Duroc?

☐

☐

☐

2. Madame Duroc

- ☐ cherche encore des idées.
- ☐ a déjà une super idée.
- ☐ cherche un livre sur le sport.

3. Madame Ricot dit:

- ☐ «J'ai des CD et des jeux vidéo.»
- ☐ «J'ai des affaires pour l'école.»
- ☐ «J'ai des bougies.»

4. Que prend[1] Mamdame Duroc?

☐

☐

☐

5. Dans le livre, il y a

- ☐ une histoire bizarre avec un chat.
- ☐ une histoire avec un chien sympa.
- ☐ une histoire sympa avec un chat.

6. Madame Duroc cherche encore

- ☐ des affiches.
- ☐ des stylos.
- ☐ un carton pour des stylos.

---

1 que prend … was nimmt …

Grammaire et vocabulaire

2 Maman, un ordinateur pour moi …

Une fille parle de son anniversaire avec sa mère.

A *Lis le texte et complète les phrases avec les formes correctes des verbes «être» ou «avoir» et avec les articles définis ou indéfinis. (Lies den Text und ergänze die Sätze: **Entscheide selbstständig**, ob eine Form von **être** oder von **avoir** kommt, und ob du den **bestimmten Artikel** oder den **unbestimmten Artikel** eintragen musst.)*

– Maman, pour mon anniversaire, je / j' ________ une idée pour mon cadeau: un ordinateur dans ma chambre, s'il te plaît!

– Ah, tu ________ ________ idées, chérie. Un ordinateur pour une fille de 7 ans? Non.

– Mais maman, mes frères ________ ________ ordinateurs!

– Oui, mais tes frères ________ 12 et 14 ans. Et puis, ________ ordinateurs dans ________ chambres de tes frères ________ là pour travailler, pour les devoirs.

– Ah non, maman, ce/c' ________ pour ________ jeux vidéo. Sur ________ ordinateurs de mes frères, il y a ________ jeux super. Je/J' ________ toujours dans ________ chambres de mes frères et je regarde ________ jeux …

– Ecoute, nous ________ trois ordinateurs dans la maison, alors un ordinateur pour toi, non. Mais je parle avec tes frères. Et on cherche ________ jeux pour vous trois ensemble.

B *Ecris le dialogue avec les éléments. (Die Mutter spricht mit ihrer Tochter, was sie bei der Geburtstagsfeier **mag**, und was sie **nicht mag**. Schreib den Dialog mithilfe der Elemente.)*

aimer / détester
le, la, l', les

1. CD de Zaz **2.** rap **3.** gâteau au chocolat[1] **4.** tarte aux pommes[2] **5.** amie de Lili **6.** chien

1. Tu ____ ?

2. Ah non, ____ .

3. Tu ____ ?

4. Non, ____
____ .

5. Alors, ma chérie, tu ____ ?

6. Oui, ______________________ , mais je ______________________ !

---

1 au chocolat Schokolade(n)- – **2 une tarte aux pommes** ein Apfelkuchen

Médiation

3 Lapo

Im Bücherschrank eurer Eltern hast du einige alte Bücher in französischer Sprache entdeckt. Du versuchst, in einem davon zu lesen. Deine jüngere Schwester sieht das Bild von dem Hasen und möchte wissen, worum es in der Geschichte geht. Schreibe unten in Stichworten auf Deutsch auf, was du ihr antwortest.

Voilà Lapo. C'est un lapin. Il habite dans un parc, à Paris. Est-ce qu'il y a d'autres[1] lapins dans le parc? Non. Mais Lapo trouve une amie, c'est une souris, elle habite aussi dans le parc. Elle est sympa et ils jouent toujours ensemble. Et puis, il y a encore un ami, Coco. Coco est le chat de Loïc, le garçon de la maison du numéro 10. Loic laisse la porte ouverte[2]. Il cherche son chat dans la maison, alors maintenant, Coco habite dans le parc avec Lapo et la souris. Les trois amis aiment le parc. Ensemble, ils cherchent quelque chose à manger: un croissant, une baguette, un camembert …
Les enfants habitent dans la rue. L'après-midi, ils arrivent et jouent au foot dans le parc.

Lapo et ses copains regardent les enfants. Après, ils jouent au foot aussi. Mais, qu'est-ce qu'il y a? Un chien. C'est une catastrophe pour les trois copains. Ah, voilà un carton. Lapo, la souris et Coco sont dans le carton. Est-ce que le chien regarde le carton? Non. Ouf!!

Deine Schwester möchte wissen:

- wer Lapo ist: ______
- ob noch andere Tiere vorkommen: ______
  ______
- wo die Geschichte spielt: ______
- was die Tiere dort machen: ______
- wer auch noch vorkommt: ______
- wem Coco gehört: ______
- welche Gefahr lauert: ______
- ob es eine Lösung dafür gibt: ______

Schau gleich in den **Lösungen** nach, was prima geklappt hat und was noch nicht so gut läuft.
Dort findest du auch Hinweise, wie deine **Leistung einzuschätzen** ist.

1 d'autres andere – **2 il laisse la porte ouverte** er lässt die Tür offen

Unité 4
Au collège Balzac

Ecouter

1 Le micro qui bouge[1].

→ En plus CD, 1 △

17

On est mercredi et maintenant, c'est l'heure du micro qui bouge.
Le micro va dans la rue, il va dans les parcs, il va dans les magasins, dans la cour du collège Balzac … et là, il écoute trois groupes!
(Heute, am Mittwoch, wandert das Mikro wieder herum:
In den Straßen, den Parks, den Läden, im Schulhof des Collège Balzac … und dort hört es drei Gruppen zu.)

A *Ecoute le document, puis écris les lettres (a–d) dans les bonnes cases des groupes 1–3. (Höre das Dokument und schreibe die Buchstaben a–d in die richtigen Kästchen der Gruppen 1–3.* ***Achtung:*** *Ein Buchstabenbild bleibt übrig!*

groupe 1

groupe 2

groupe 3

a

b

c

d

Ecouter et écrire

B *Ecoute le document encore une fois et complète les phrases. (Höre das Dokument nochmals und ergänze die Sätze.)*

1. Un des deux garçons n'a pas ses devoirs d' ______________ – mais le prof n'est pas là aujourd'hui! **2.** Les deux profs trouvent la classe 6eA ______________. Les élèves de la 6eA aiment ______________. **3.** La fille dit: «Le garçon, là, c'est le ______________ de ma ______________. **4.** Mercredi, 10 ______________, le micro est dans une piscine.

---

[1] **le micro qui bouge** *hier:* das herumwandernde Mikro(fon)

eu de sons

2 Ecoute bien.

18 **A** *Quel son: [ʒ] ou [ʃ]? Ecoute le document et souligne le son correct. (Welcher Laut:* ***stimmhaftes -sch-*** *[ʒ] oder* ***stimmloses -sch-*** *[ʃ] ? Höre das Dokument und unterstreiche die Laute [ʒ] und [ʃ].)*

TIPP

Unterscheide genau Laute und Wörter, und sieh dir dann an, wie sie jeweils geschrieben werden!

	Combien?	
	[ʃ]	[ʒ]
1. C'est le 14 juin, et j'ai 14 bougies sur mon gâteau.	☐	☐
2. Le jeudi, on fait du judo dans le gymnase du collège.	☐	☐
3. – Papa cherche le journal. – Il est dans la chambre.	☐	☐
4. Je joue avec mon chat.	☐	☐
5. Dimanche, on mange bien chez Juliette.	☐	☐
6. Chut! On ne chante pas maintenant, ce n'est pas un cours de musique, c'est un cours de géo.	☐	☐
7. Je regarde le t-shirt sur l'affiche, il est cool.	☐	☐

B *Ecoute le document encore une fois et note: combien de [ʒ], combien de [ʃ]? (Höre das Dokument zur Kontrolle noch einmal und zähle: Wie viele* ***stimmlose -sch-*** *[ʃ], wie viele* ***stimmhafte -sch-*** *[ʒ] kommen vor? Schreibe die Zahlen in die Spalten der Tabelle.)*

Parler

3 Tu aimes …?

Mit einem französischen Kind unterhältst du dich über Schulfächer und Lehrer, die ihr mögt oder nicht mögt. Wenn du einen Partner/eine Partnerin zum Üben finden kannst, übernimmt jede/r von euch abwechselnd die Rolle A und B. Wenn du allein bist, kannst du auch die Rollen wechseln, du liest dann die Antworten des Anderen von der anderen Sprechkarte. Die Sprechkarten findest du im Lösungsteil.

TIPP

Bei solchen Parler-Übungen solltest du für gute Konzentration sorgen: Schließe die Tür zu deinem Zimmer, schalte das Radio, das Handy und den Computer aus. Versetze dich dann ganz in deine Rolle, denke an nichts anderes! Natürlich musst du nicht genau das sagen, was hier bzw. in den Lösungen vorgeschlagen wird, aber in einer **mündlichen KA/Schulaufgabe** solltest du schon auf das eingehen, was dein(e) Partner(in) sagt.

Toi (A)	Ton / Ta partenaire (B)
1. Du magst Sprachen und sagst, dass dir Englisch und Deutsch gut gefallen; ihr dort Spiele macht, und dass du das gut findest.	**1.** Er/Sie mag Mathematik und S.V.T. Er/Sie sagt, dass er/sie Englisch nicht mag und dass das „th" seltsam [zum Aussprechen] ist.
2. Du findest die Englischlehrerin nett.	**2.** Du findest den Englischlehrer eine Katastrophe. Er spricht immer und hört nicht zu …
3. Du sagst, dass dir Mathe nicht so gefällt.	**3.** Er/Sie sagt, dass er/sie den Mittwoch liebt, da sind zwei Stunden Mathe auf dem Stundenplan.
4. Aber Sport magst du gerne. Du magst den Freitag, da habt ihr von 11 Uhr bis 13 Uhr Sport.	**4.** Sport mag er/sie auch. Seine/Ihre Klasse hat am Dienstag Sport, von 14 Uhr bis 16 Uhr.

Lire

4 L'histoire de ...

A *Les devoirs de français, c'est: imaginer une histoire.*
(Als Hausaufgabe für Französisch sollen sich die Schüler eine Geschichte ausdenken und auf einem USB-Stick mitbringen. Lies die Geschichte und kreuze denjenigen Schüler an, der sie deiner Meinung nach geschrieben hat.)

C'est l'histoire d'un chat. Il s'appelle Filou et il habite dans un collège. Les enfants du collège aiment Filou, et ils aiment leur collège, une école avec un chat, c'est super. Les cours commencent à huit heures. A huit heures moins dix, quand[1] les élèves arrivent au collège, ils cherchent «leur» chat dans les salles de cours ou dans la cour. Filou n'aime pas la salle de musique, mais souvent[2], les enfants trouvent Filou dans la cantine. Il va à la cantine, il a toujours faim et il regarde ...: qu'est-ce qu'il y a à la cantine aujourd'hui?
A la récré, les enfants jouent avec le chat, mais attention: un chat dans un collège, ça ne va pas! Alors quand un prof arrive, vite, ils cachent[3] le chat.
Ils ont toujours des idées et ils trouvent toujours une place pour cacher Filou: dans les toilettes ou dans le gymnase, dans le sac d'un élève ou derrière un ordinateur. A midi, ils mangent à la cantine et bien sûr, Filou mange aussi.
Mais aujourd'hui, c'est la catastrophe: zut, un prof entre. C'est Monsieur Biot. Il regarde, il regarde encore, il dit:
«Tiens, tiens, ça, c'est une surprise bizarre, un chat dans notre collège ... mais écoutez, c'est super, en S.V.T., on parle des chats aujourd'hui. Alors, on ne travaille pas avec des photos, on travaille avec un vrai[4] chat!»
Monsieur Biot est cool!

Lire et écrire

B *Relis le texte et coche la phrases correcte, puis complète la phrase* ***5*** *et* ***6****.*
(Lies den Text noch einmal und kreuze den jeweils richtigen Satz an. Ergänze dann Satz 5 + 6.)

1. Les élèves aiment leur collège:
- ☐ là, on mange bien à la cantine.
- ☐ là, les profs sont sympas.
- ☐ là, il y a un chat.

2. Les cours commencent à
- ☐ 7 h 50.
- ☐ 8 h 00.
- ☐ 8 h 10.

3. Filou n'aime pas
- ☐ les toilettes.
- ☐ le gymnase.
- ☐ la salle de musique.

4. A midi, Filou mange
- ☐ dans la salle de S.V.T. avec un prof.
- ☐ dans la cantine, avec les élèves.
- ☐ au CDI, derrière un ordinateur.

5. La catastrophe, c'est: un professeur ______________________________ .

6. Aujourdhui, en S.V.T., les élèves ______________________________ .

1 quand wenn – **2 souvent** oft – **3 cacher qc** etw. verstecken – **4 vrai(e)** *hier:* echt

Ecrire

5 La journée de Julien

→ En plus CD, 3 △

Regarde les images et décris la journée de Julien.
Ecris une ou deux phrases par image et fais deux indications d'heure.
(Schau dir die Bilder an und beschreibe Juliens Tagesablauf.
Schreibe zu jedem Bild 1–2 Sätze und mache darin zwei Angaben zu den Uhrzeiten. Die Wörter unter den Bildern helfen dir.
*Du kann zuerst **nur Bild 1, 3, 5, 6 und 8** beschreiben. Nach ein paar Tagen schaffst du bestimmt die ganze Bildgeschichte!)*

TIPP

Statt Uhrzeit-Angaben kannst du auch andere Wörter und Ausdrücke verwenden, die deinen Text flüssiger machen und deutlich machen, dass es sich um einen Ablauf handelt, z. B.: *aujourd'hui, après, d'abord, puis, bientôt, à la fin.*

1

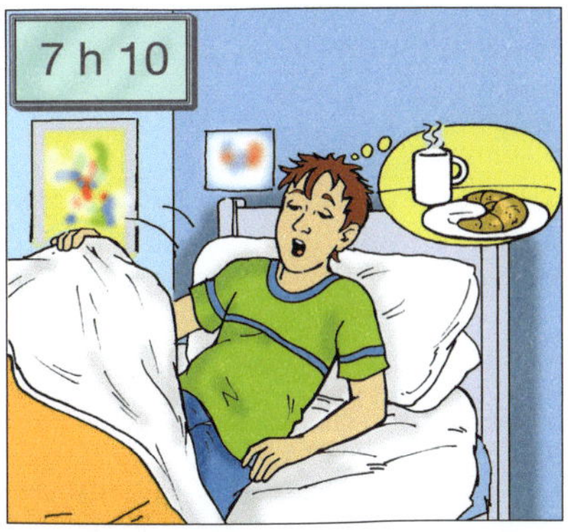

au lit/avoir faim

2

manger/croissants

3

devant le collège

4

interro

5

dans la cantine

6

au cinéma

7

rentrer

8

manger des spaghettis[1]

9

devant la télé

1 des spaghettis *(m.)* Spaghetti

Médiation **6**

L'école de Noémie

Deine Brieffreundin Noémie ist mit ihrer Familie gerade von Paris nach Brüssel umgezogen und nun in einer neuen Schule. Sie schreibt dir eine E-Mail. Deine jüngere Schwester möchte genau wissen, wie es Noémie in der neuen Schule ergeht und stellt dir Fragen. Du antwortest in Stichworten auf Deutsch auf ihre Fragen:

de: NoBianco@liv.fr
à: phil@live.fr toi@t-online.de

Salut,
Ça va, toi? Moi, ça va bien ou non, je ne sais pas ...
Je te[1] parle de mon école. Elle s'appelle collège Jacques Brel, comme le chanteur. Maintenant, je suis au collège depuis[2] une semaine. Est-ce que j'aime le collège? Est-ce que je déteste le collège? C'est une question difficile[3]...
Le collège est grand, il y a 1200 élèves! Et moi, je ne trouve pas les salles de cours, le CDI, la salle de musique etc.
J'aime ma salle de cours, il y a des affiches et les photos des élèves et des profs, mais je n'aime pas la cantine et, les toilettes: une ca-ta-strophe!
Mais les filles de ma classe sont sympas, j'ai déjà trois copines, on est toujours ensemble dans la récré. Les garçons? Bof, ce sont des enfants. Et les profs? Ils sont comme tous[4] les profs ...
Il y a un problème: je fais de l'italien[5] depuis deux ans. Alors, ici, au collège Brel, on ne fait pas italien.
Mais dans notre famille, on trouve toujours des solutions. La solution, c'est: papa fait un cours d'italien pour moi et mon frère, le samedi! Une super idée!

Voilà mes nouvelles[6]. Noémie

- Wie es Noémie an der neuen Schule gefällt,
- ob Jacques Brel ihr Freund ist oder wer das sonst ist,
- wie das Schulgebäude und die Räume sind,
- wie die Kinder in ihrer Klasse sind und ob sie schon Freunde gefunden hat,
- wie die Lehrer sind,
- warum das Wort „problème" in der E-Mail steht, ob es irgendein Problem gibt?

---

1 te *hier:* dir – **2 depuis** seit – **3 difficile** schwierig – **4 tous, toutes** alle *(+ Nomen)* – **5 l'italien** italienisch – **6 des nouvelles** *(f.) hier:* Neuigkeiten

En forme

7 La classe de Noémie (G 16)

*Noémie arrive dans sa nouvelle classe. Complète les phrases avec les adjectifs possessifs. (Noémie kommt in ihre neue Klasse. Ergänze die Sätze mit den passenden **Possessivbegleitern**.)*

TIPP

Achte besonders auf den Unterschied zwischen ***leur*** und ***leurs***!

1. *Une fille:* Regarde, voilà ________ emploi du temps.	unser
Et voilà les noms[1] de ________ profs.	unserer
2. *Noémie:* ________ profs sont sympas?	eure
3. *La fille:* Oh, ________ prof d'allemand est sympa, et les garçons aiment	unser
________ prof de sport. Mais ________ prof d'anglais: bof!	ihren / unser
4. *Noémie:* On mange bien dans ________ cantine?	eurer
5. *La fille:* Oui et non, ________ pizza et ________	ihre (2x)
frites[2] sont super, mais on n'aime pas ________ soupes[3].	ihre

En forme

8 Ludo a un problème[3]. (G 12)

→ En plus CD, 4 △

*La mère de Ludo n'est pas contente de son fils. Fais des phrases négatives. (Ludos Mutter ist mit ihrem Sohn nicht zufrieden. Bilde **verneinte** Fragen und Sätze.)*

Exemple: Ludo/travailler/dans sa chambre. → *Ludo **ne** travaille **pas** dans sa chambre.*

1. *Sa mère:* Ludo, tu / être / devant l'ordinateur: ________

________ ?

2. *Ludo:* Non, maman. Je / jouer: ________ .

3. Mais / Ludo / faire / ses devoirs: ________ .

4. Et / il / ranger / ses affaires: ________ .

5. *Sa mère:* Alors, nous / regarder / le film ensemble: ________

________ ?

6. *Ludo:* Je / avoir / envie: ________ .

7. *Sa mère:* Ecoute, Ludo, tu / avoir / un problème[4]: ________

________ ?

8. Son problème, c'est: il / aimer / l'école, / mais / il / parler / de son problème: ________

________ .

---

1 un nom ein Name – **2 des frites** *(m., pl.)* Pommes frites – **3 une soupe** eine Suppe – **4 un problème** ein Problem

En forme / Jeu de mots

9 Le programme[1] pour aujourd'hui (G 15)

→ En plus CD, 6 △

La prof explique le programme pour aujourd'hui.
(Die Lehrerin erklärt das Unterrichtsprogramm für heute.)

*Lis les phrases, puis complète-les avec les formes correctes du verbe «faire». (Lies die Sätze und ergänze sie dann mit den richtigen Formen des Verbs **faire**. Die **blau unterlegten Wörter** verstehst du bestimmt vom Deutschen oder vom Englischen her oder aus dem Unterricht. Schreibe die deutsche Bedeutung ins Heft.)*

TIPP

Zum Üben kannst du Verbformen auswürfeln:
je = 1
tu = 2
il / elle = 3 …
Der Würfel sagt dir, welche Form du bilden musst. Auf diese Weise kannst du mündlich oder schriftlich üben.

– Eh bien, d'abord, vous ______________ les exercices à la **page** 59.

Puis, je ______________ un **test** avec un groupe et les autres[2] ______________ les affiches pour la **présentation** de notre école. Loïc, tu ______________ les **textes** avec Patrick? Et Nicolas ______________ une affiche sur Brest avec des **photos**, d'accord? Après ça, nous ______________ un jeu de **vocabulaire**.

En forme

10 Ils vont où? (G 13, 14)

→ En plus CD, 5 △

A *Regarde l'exemple et les dessins et fais des phrases. Utilise le verbe «aller» et les prépositions «à» ou «chez». (Sieh dir das Beispiel und die Zeichnungen an und bilde Sätze. Benutze dabei das Verb **aller** und die Präpositionen **à** oder **chez**.)*

Je / boulangerie →
Je **vais à la** boulangerie.

1

nous / toilettes

2

ils / CDI

3

je / M. Dubois

4

elle / FNAC

5

vous / gymnase?

6

il / infirmerie

7

on / cours de danse

8

tu / Brest en juillet?

1. ______________________________
2. ______________________________
3. ______________________________
4. ______________________________
5. ______________________________
6. ______________________________
7. ______________________________
8. ______________________________

1 le programme *hier:* das Unterrichtsprogramm – **2 les autres** die Anderen

B *Attention aux verbes en -ont! Complète les phrases avec les formes correctes. (Vorsicht bei Verben, die in der* ***3. Person Plural*** *auf* ***-ont*** *enden! Ergänze zuerst die Sätze und schreibe dann den Infinitiv der 4 Verben auf.)*

– Regarde les élèves de la 6e B, ils ____________ dans la cour, mais ils ____________ histoire-géo maintenant, c'est bizarre …

– Bizarre? Non, ils ____________ au musée aujourd'hui, ils ____________ un projet d'histoire.

sie sind
sie haben
sie gehen
sie machen

____________ ____________ ____________ ____________

Les mots et les lettres

11 Un calendrier[1]

Voilà un calendrier. Mais où sont les mois de l'année? Ajoute-les. (Hier ist ein Jahreskalender. Aber wo sind die Monate? Ergänze sie.)

TIPP

Präge dir die Monate, die ähnlich sind (z. B. März / Mai) und die schwierig zu schreiben sind (z. B. Juli / August), besonders gut ein!

Jeu de mots

12 Trouve l'intrus.

Trouve et barre l'intrus. Puis cherche les titres qui manquent. (Finde das Wort, das nicht zu den anderen passt und streiche es durch. Suche dann die fehlenden Oberbegriffe und schreibe sie über jede Rubrik.)

____________	____________	____________	____________
la cour	mardi	interro	le gymnase
la cantine	jeudi	anglais	l'EPS
la récréation	ordi	histoire-géo	la gymnastique
le cours	vendredi	technologie	l'élève

1 un calendrier ein Kalender

Ecouter

1 Tu aimes le collège?

19 Romain retrouve sa grand-mère après trois ans.
Il discute avec sa mamie et elle pose des questions.
(Romain trifft nach drei Jahren seine Großmutter wieder.
Er diskutiert mit seiner Oma und sie stellt Fragen.)

A *Ecoute le document et réponds à la question.*
(Höre das Dokument und antworte auf die Frage.)

Mamie: Alors Romain, tu trouves ton collège comment?

Romain: Euh, ______________________________ le collège,

mais je déteste ______________________________.

B *Ecoute le document encore une fois. Vrai ou faux? Coche.*
(Höre das Dokument noch einmal. Richtig oder falsch? Kreuze an.)

	vrai	faux
1. Le collège Balzac est à Batignolles. Pour Romain, c'est pratique.	☐	☐
2. Romain aime la nature.	☐	☐
3. Le cours de S.V.T., c'est deux heures le jeudi.	☐	☐
4. Le prof d'histoire-géo est une catastrophe.	☐	☐
5. Romain aime la prof d'anglais, mais il n'aime pas l'anglais.	☐	☐
6. Le lundi, la classe va au CDI.	☐	☐
7. Les élèves aiment manger à la cantine du collège[1].	☐	☐
8. Romain a des copains dans sa classe, mais ils n'habitent pas à Batignolles.	☐	☐
9. Après l'école, ils ne se retrouvent pas.	☐	☐
10. Mamie dit: «Oui, oui, tu as raison, Romain.»	☐	☐

1 du collège *hier:* der Schule *(Genitiv)*

Lire **2** **Une affiche**

Il est 7 heures 50. Les élèves et les professeurs arrivent au collège.
Voilà une surprise: dans l'entrée[1], il y a des affiches. Ils regardent et trouvent les affiches aussi dans les salles de cours, au CDI, au gymnase, partout[2].

Lis l'affiche, puis complète les phrases.
(Lies das Plakat, ergänze dann die Sätze.)

C'est trop[3]!

Chers professeurs,

Il y a un problème au collège:

Nos devoirs! C'est trop, c'est trop, c'est trop!

Nous, les élèves du collège Monet, nous avons deux heures ou trois heures de devoirs.
C'est trop. C'est une catastrophe pour nous.

Un exemple: Julie.
- Elle est dans la classe 6e B.
- Julie a cours de 8 h 00 à 16 h 15.
- Après, elle rentre avec le bus et elle arrive à la maison à 17 h 00.
- Elle dit bonjour à sa mère et à sa sœur, elle prend un chocolat, puis elle fait ses devoirs.
- Elle commence à 17 h 30.

Voilà ses devoirs pour demain:
- chercher des crayons et une gomme dans la maison de la presse pour le cours d'arts plastiques: **20 minutes**
- des exercices de mathématiques: **une heure**
- un texte pour le cours de français: **20 minutes**
- chercher des informations sur Internet pour le cours d'histoire-géo et écrire les informations sur un papier: **40 minutes**
- le vocabulaire anglais: **20 minutes**

Ce sont des devoirs pour 2 heures et 40 minutes! C'est trop!

Alors, quand est-ce que[4] les élèves de la 6e mangent avec leurs familles? Quand est-ce qu'ils font du sport? Quand est-ce qu'ils parlent avec leurs parents? Quand est-ce qu'ils regardent la télé? Quand est-ce qu'ils retrouvent leurs copains et copines? Quand est-ce qu'ils jouent?

Les devoirs, ça ne va pas comme ça! Trouvez une solution!

1. C'est une affiche pour les ____________ du[5] ____________ Monet.

2. Les élèves ne sont pas d'accord avec ____________ .

3. Sur l'affiche, on parle de Julie et de son ____________ .

4. Les élèves de la 6e B font leurs devoirs de ____________ à ____________ .

5. Pour les élèves, le problème, c'est: trouver encore ____________ pour leur famille et pour leurs hobbys[6].

1 une entrée ein Eingang – **2 partout** überall – **3 c'est trop!** das ist zuviel! – **4 quand est-ce que / qu' ...** wann – **5 du** des *(Genitiv)* – **6 un hobby** ein Hobby, eine Freizeitbeschäftigung

Médiation

3 Un rendez-vous difficile[1]

→ En plus CD, 5 △

In deiner Heimatstadt machst du mit deiner Freundin einen Stadtbummel. Ihr lernt ein französisches Mädchen, Camille, kennen, das ihr nett findet und mit dem ihr zusammen ein Eis essen geht. Nun wollt ihr euch mit Camille zu einem neuen Treffen verabreden. Du übernimmst die Dolmetscherrolle, weil deine Freundin kein Französisch versteht.

1. *Deine Freundin:* Nun sind wir schon fast Freundinnen geworden, wir sollten uns wieder treffen. Frag mal, was sie von Freitag, nach der Schule, hält. Vielleicht um 3 Uhr?

Du: ______________________________

____

2. *Camille:* Oui, d'accord, c'est sympa. Mais le vendredi, j'ai mon cours de danse de deux heures et demie à quatre heures. Après quatre heures, ça va?

Du: ______________________________

____

3. *Deine Freundin:* Na ja, schon, aber um Viertel vor fünf muss ich zum Fußball. Sag ihr, dass ich im Verein *(= dans un club)* spiele. Wie wär's denn mit Mittwoch?

Du: ______________________________

____

4. *Camille:* Ah, tu es sportive[2]. Mercredi, c'est le 29 juin, c'est l'anniversaire de ma grand-mère, je vais chez elle[3] avec ma famille. Et samedi ou dimanche?

Du: ______________________________

____

5. *Deine Freundin:* Aber du weißt doch, dass ich am Samstag immer ein Match habe und Sonntag muss ich dann für die Klassenarbeit lernen.

Du zu Camille: ______________________________

____

Du zu Beiden: Eine Verabredung mit euch zu finden, das ist ja eine Katastrophe. Wisst ihr was? Jetzt ist es schon zehn vor sechs, jetzt gehe ich nach Hause, meine Mutter macht heute Crêpes. Wir telefonieren, OK?

Du zu Camille, du gibst ihr auch deine [Handy-]Nummer:

____

____

1 un rendez-vous difficile eine schwierige Verabredung – **2 sportif, sportive** sportlich – **3 chez elle** zu ihr

Unité 5

Un samedi dans le quartier

Ecouter

1 Un nouveau[1] au judo

22

C'est le cours de judo à Interclub.
Les élèves sont déjà là.

A *Ecoute le document. Puis coche la bonne phrase. (Höre das Dokument an und kreuze dann den richtigen Satz an.)*

Les élèves de judo parlent avec le nouveau. Le prof n´arrive pas, il a mal au pied. ☐	Nadia parle avec le nouveau garçon, puis le prof arrive. ☐	Le nouveau n'a pas envie de faire du judo, il aime regarder Nadia. ☐

B *Ecoute le document encore une fois et écris les lettres **a – f** dans la bonne case. Ensuite, coche la phrase correcte. (Höre das Dokument nochmals und schreibe die Buchstaben **a – f** in das richtige Kästchen. Kreuze danach in **1. – 6.** den jeweils richtigen Satz an.)*

Qui dit quoi? (Wer sagt was?)

Nadia: a **Nicolas: b** **Louise: c** **Pierre: d** **Antoine: e** **Martin: f**

☐ J'ai toujours mal au pied, c'est dommage!

☐ J'aime les combats et je gagne, mais les exercices: bof!

☐ J'aime le judo, mais tomber, non, ça fait mal!

☐ A Interclub, je suis le champion!

☐ Aujourd'hui, je fais des exercices avec Nadia.

☐ Je ne suis pas encore champion, mais bientôt, peut-être[2]!

1. Nicolas	habite dans le quartier.	☐	**4.** Pierre est	champion n° 1 de judo.	☐
	habite dans un autre[3] quartier.	☐		le frère de Nadia.	☐
2. Nicolas	va au collège Pascal.	☐	**5.** Martin est	le nouveau au judo.	☐
	va au collège Balzac.	☐		prof de judo.	☐
3. Louise	aime le sport.	☐	**6.** Nadia va faire	des exercices pour bien tomber.	☐
	n'aime pas la natation.	☐		des exercices pour son combat.	☐

Du findest eine Übung zum Laut [R] im „En plus"-Teil auf der CD.

1 un nouveau ein Neuer, *hier:* ein neuer Teilnehmer – **2 peut-être** vielleicht – **3 autre** anderer/andere/anderes

Lire **2**

Bienvenue au «Famiparc»!

A *Voilà des idées pour des activités le samedi et le dimanche. Lis le texte, puis coche le bon résumé.*
(Hier sind einige Ideen für Wochenendaktivitäten. Lies den Text und kreuze dann das richtige Resümee an.)

Bienvenue au «Famiparc»!

Bonjour, les familles!
Alors, c'est bientôt le week-end, enfin le samedi arrive. Mais organiser le samedi et le dimanche pour une famille, vraiment, c'est un problème: les activités des enfants, les parents qui[1] aiment aller au restaurant le soir … laisser les enfants seuls[2] à la maison? Non.
Ou bien la question du repas: préparer un bon repas? Rester une ou deux heures dans la cuisine? Non! Alors aller au restaurant? Encore non! Pourquoi? Le fils déteste les repas au restaurant.

Vous avez envie de passer un week-end fantastique? Un week-end pour la famille? Où tout le monde est d'accord parce que tout le monde trouve les activités qu'il aime?

Voilà notre solution: «Famiparc».
Quittez votre maison, quittez vos problèmes et vos discussions, venez ici, passez un samedi et un dimanche dans notre «Famiparc».
Là, vous avez deux petites maisons, une pour les parents et une pour les enfants avec quatre chambres, un salon, deux salles de bains et une cuisine.
Vous n'avez pas envie de faire la cuisine? Pas de problème! Il y a un restaurant pratique. Là, il y a des pizzas, des spaghettis, des crêpes …
Dans notre parc, vous allez faire des activités super: le judo, la danse, le théâtre, le roller, le vélo, l'athlétisme, la natation dans la piscine, il y a aussi des jeux et des films. Et à minuit, on fait un tour dans le parc avec des bougies …

Alors, venez bientôt chez nous avec votre famille!
Téléphonez au 05 26 12 12 12 ou contactez-nous: info@famiparc.fr

C'est le site web[3] d'un parc. Là, les familles passent un week-end. ☐

C'est le site web d'une organisation. Là, on propose[4] des activités aux familles en difficulté[5]. ☐

C'est le site web d'un restaurant dans un parc. Là, on fait toujours des pizzas pour les enfants. ☐

1 qui die (Relativpron.) – **2 seul(e,s)** allein – **3 un site web** eine Website – **4 proposer** vorschlagen – **5 en difficulté** *hier:* mit Problemen

B *Maintenant, coche la bonne réponse et justifie-la avec la phrase correspondante du texte. Tu peux aussi écrire «on ne sait pas». (Kreuze nun die richtige Antwort an und begründe sie mit der jeweils passenden Stelle im Text. Du kannst, wenn nötig, auch „On ne sait pas." = „Das weiß man nicht", schreiben.)*

TIPP

Wenn du dir vor dem zweiten Lesen die Aufgabe durchliest, weißt du schon, worauf du achten musst und kannst **gezielt** lesen!

	vrai	faux
1. Organiser les activités du week-end, ce n'est pas un problème pour une famille. Texte: ____________	☐	☐
2. Dans les familles, on discute sur les repas, et on n'est pas toujours d'accord. Texte: ____________	☐	☐
3. Tout le monde aime préparer le repas du dimanche. Texte: ____________	☐	☐
4. La famille habite ensemble dans une maison fantastique. Texte: ____________	☐	☐
5. Aller au restaurant? Alors là, les parents et les enfants ne sont pas d'accord. Texte: ____________	☐	☐
6. Le soir, les familles quittent «Famiparc» et rentrent à la maison. Texte: ____________	☐	☐
7. Les familles préparent leur repas dans le restaurant du parc. Texte: ____________	☐	☐
8. Les activités du parc sont: le roller, l'athlétisme, la natation, le vélo … Texte: ____________    	☐	☐
9. A minuit, on regarde un film. Texte: ____________	☐	☐
10. Pour l'anniversaire d'un enfant, il y a un gâteau avec des bougies. Texte: ____________	☐	☐

Ecrire

3 Une nuit chez ma copine

→ En plus CD, 1 △, 2 △

Tu passes la nuit chez ta copine. Ses parents ne sont pas là. Qu'est-ce que vous faites? Raconte dans un petit texte. Les images vont t'aider. Ecris une ou deux phrases par image.
(Du übernachtest bei deiner Freundin. Ihre Eltern sind nicht zu Hause. Erzähle in einem kleinen Text, was ihr macht. Die Bilder werden dir dabei helfen. Schreibe pro Bild 1–2 Sätze.)

1

avoir faim / préparer spaghettis

2

manger spaghettis / manger beaucoup / comme dessert: pomme

3

salon / regarder vidéos / judo

4

plus tard[1]: chambre / écouter CD / regarder BD / manger chips

5

minuit / lit / raconter des histoires / histoire d'un chien bizarre

6

horrible[2] / chien bizarre / rêver

Médiation

4 Comment aller chez ma copine?

A *Vor dem Postamt an der Avenue de Clichy siehst du ein hilfloses Mädchen in deinem Alter mit einem Zettel in der Hand. Sie spricht dich an und es stellt sich heraus, dass sie Deutsche ist und Svea heißt. Sie will ihre neue französische Freundin besuchen, die ihr den Weg auf den Zettel geschrieben hat. Svea versteht aber nicht genug Französisch. Auf dem Zettel ist noch Platz, also schreibst du ihr in deutschen Stichworten auf, wie sie gehen muss (s. S. 53).*

! Diese Aufgabe fällt dir sicher leichter, wenn du den Plan in deinem Buch, S. 82, hinzunimmst. Du könntest es auch zunächst mit dem Plan und am nächsten Tag ohne versuchen.

1 plus tard später – **2 horrible** schrecklich

Pour Svea

Mon adresse: 12, rue des Epinettes

D'abord, traverse l'avenue de Clichy, puis va à droite. Il y a des magasins et une maison de la presse, tu continues[1]. A la Cité des Fleurs, tu tournes à gauche. Continue tout droit, puis traverse la rue de la Jonquière, ne tourne pas, entre dans la rue des Epinettes. Au carrefour, il y a une boulangerie, et chez moi, ce n'est pas loin.

A bientôt, Svea! ☺

B *Nachdem du Svea geholfen hast, nimmst du deinen eigenen Weg auf. Du willst zum Théâtre de la Jonquière, weil es dort einen Theaterkurs gibt, an dem du zusammen mit deiner französischen Freundin Julie teilnehmen möchtest. Unterwegs triffst du Julie. Du weißt, wie ihr weiter zum Theater gehen müsst und erklärst es ihr auf Französisch. Nimm dazu nochmals den Plan im SB S. 82. Ihr seid bei dem Punkt: „Vous êtes ici".*

TIPP

In der Interro wird es dieses Mal eine mündliche Klassenarbeitsaufgabe geben. Deshalb kannst du mit diesem **B**-Teil noch einmal das freie Sprechen üben!

En forme

5 Qu'est-ce que vous allez faire, samedi? (G 17)

*Les copains sont dans la cour du collège. Ils parlent de **samedi prochain**. Ecris au moins 8 phrases/questions avec les mots du tableau. Choisis le temps correct. (Die Freunde sind auf dem Schulhof. Sie sprechen über den **kommenden Samstag**. Schreibe mindestens 8 Sätze/Fragen mit den Wörtern der Tabelle in dein Heft. Wähle die richtige Zeitform.)*

Moi, je	**rester[2]**	**à la maison**	**une fête**
Nicolas, tu	**travailler**	**pour l'interro**	**des CD**
Ma copine et moi	**passer la nuit**	**à Interclub**	**du roller**
Mes parents	**faire**	**un jeu à l'ordinateur**	**avec mon père**
Et toi? Tu	**aller**	**du théâtre**	**avec nous/moi**
Ma copine et moi	**jouer**	**au foot**	**chez ma grand-mère**
Et vous? Vous	**arriver**	**au cinéma**	
Mon frère et ma sœur	**écouter**	**à la piscine**	
Mon copain	**regarder**	**un combat de judo**	

1 continuer fortfahren – **2 rester** bleiben

En forme

6 Mon quartier (G 18)

Romain parle de son quartier. Ajoute la bonne forme de la préposition ***de*** *avec* ***l'article défini****. (Romain spricht über sein Viertel. Ergänze die richtige Form der Präposition* ***de*** *mit dem* ***bestimmten Artikel****. Denke an die Verschmelzung!)*

– J'habite dans un quartier sympa. J'aime les rues et les places ________ quartier. J'aime les maisons ________ rue Dragon et le parc ________ place Emile. Et les chats ________ parc! Mais le chien ________ voisins[1]: non. Je joue avec les enfants ________ famille Lutin, c'est la famille ________ maison avec la boulangerie. Et j'aime les magasins: les croissants ________ boulangerie sont super, et les crêpes et les gaufres ________ stand de crêpes sont super aussi. Le vendeur ________ stand est sympa. La dame ________ maison de la presse est sympa aussi, avec elle, je parle ________ livres et ________ BD – et ________ affiche de Harry Potter – je l'[2]aime beaucoup!

En forme

7 Dans le cours de judo (G 19)

→ En plus CD, 4 △

Le prof de judo parle beaucoup. Qu'est-ce qu'il dit? Regarde les symboles et écris les phrases. (Der Judo-Lehrer gibt viele ***Anweisungen****. Was ruft er? Sieh dir die Symbole an und schreibe die Sätze.)*

▲ il parle à un élève (= 1. Person Singular)
■ il parle au groupe (= 2. Person Plural)
● il dit: «nous» (= 1. Person Plural)

Le prof dit:

■ faire le ritsu-rei[3] – ________
● commencer – ________
■ maintenant, écouter – ________
▲ (ne pas) aller là – ________
▲ aller au tatami[4] à gauche – ________
● faire des exercices – ________
● regarder, comment Marie tombe – ________
■ (ne pas) discuter – ________
▲ travailler avec Nicolas mais – ________
■ (ne pas) quitter le tatami – ________

---

1 les voisins *(m. pl.)* die Nachbarn – **2 le/l'** *hier:* ihn *(Objektpronomen)* – **3 le ritsu-rei** *Begrüßung beim Judo* – **4 le tatami** die Judomatte

En forme

8 Une idée … (G 20)

→ En plus CD, 5 △

Samedi après-midi. Papa a une idée.
(Samstagnachmittag. Papa hat eine Idee, aber er lässt die Kinder raten …)

Trouve et écris les questions des enfants. Forme des questions avec «est-ce que» (+ adverbe interrogatif).
(Finde die Fragen der Kinder und schreibe sie auf. Bilde die Fragen mit „est-ce que" [+ Fragewort].
Die ***fettgedruckten Satzteile*** *helfen dir, die Fragen [mit dem richtigen Fagewort] zu finden.)*

1. *Les enfants:* Papa, ton idée, ______________________ une activité?
   Leur père: **Une activité**? Euh …
2. *Les enfants:* ______________________?
   Leur père: Je fais «euh» **parce que** c'est oui et non.
3. *Les enfants:* ______________________?
   Leur père: Non, on ne va pas **faire de sport**.
4. *Les enfants:* ______________________?
   Leur père: On va à **la place Emile**.
5. *Les enfants:* ______________________?
   Leur père: On va **à pied**.
6. *Les enfants:* ______________________?
   Leur père: On fait l'activité **dans dix minutes**.
7. *Les enfants:* Dis papa, ton idée, ______________________?
   Leur père: Alors, mon idée, c'est: **manger** quelque chose.
8. *Les enfants:* Super! ______________________?
   Leur père: Oui, **on va aller à un stand**.

   Alors, l'idée de papa, c'est: ______________________.

Jeu de mots

9 Le temps: quand?

Trouve le contraire. (Finde das ***Gegenteil****, indem du die Buchstabensalate sortierst.)*

le matin	↔	(el riso)	______
à midi	↔	(timiun à)	______
la nuit	↔	(el roju)	______
aujourd'hui	↔	(nadeim)	______
le week-end	↔	(naseime al)	______
une minute	↔	(neu eruhe)	______

En forme / Jeu de mots

10 Après l'école (G 21)

→ En plus CD, 6 A △, 6 B △

*Que fait Nathalie après l'école? Complète les phrases avec les bonnes formes du verbe **prendre**. Quelle phrase allemande correspond à quelle phrase française? Ecris a–f à la bonne place. (Was macht Nathalie nach der Schule? Ergänze die Sätze mit den richtigen Formen des Verbs **prendre**. Welcher deutsche Satz entspricht welchem französischen? Schreibe **a–f** an die richtige Stelle.)*

1. Quand Nathalie rentre, elle dit: «Ouf, après le cours de sport, je ____________ d'abord une douche.» ☐
2. Après la douche, elle mange et elle ____________ ses rollers et va dans le parc. ☐
3. Ses copines ____________ des photos de Nathalie parce qu'elle est fantastique sur les rollers. ☐
4. Le soir, elle fait les devoirs avec ses frères. Elle dit: «Je parle, et vous ____________ des notes, d'accord?» ☐
5. Dimanche, la famille va chez la grand-mère. Les enfants demandent: «Nous ____________ la voiture ou le train?» ☐
6. Son frère a soif. Nathalie demande[1]: «Tu ____________ un coca ou un jus de pomme?» ☐

a Ihr **macht** euch Notizen, OK?
b **Fahren** wir mit dem Auto oder mit dem Zug?
c Nach dem Sport **dusche** ich zuerst.
d Ihre Freundinnen **fotografieren** sie.
e **Trinkst** du eine Cola oder einen Apfelsaft?
f Sie **nimmt** ihre Inline-Skates.

Jeu de mots

11 Les copains et leurs activités

→ En plus CD, 7 △

Que font les copains comme activités? Ecris les phrases dans le tableau. (Was für Aktivitäten machen die Freunde? Kombiniere frei Namen und Aktivitäten und schreibe die Sätze in die Tabelle.)

Jean-Luc ____________
Sarah et Nicolas ____________
Elodie ____________
Chloé ____________
Romain ____________
Marie et Louise ____________
Nathalie ____________
Ahmed ____________
Patrick ____________
Marine et Alexandre ____________

1 **demander** fragen

Interro orale (Mündliche Klassenarbeit)

Wenn für dich bzw. deine Klasse eine mündliche Klassenarbeit/Schulaufgabe bevorsteht und du dies mit dieser Interro ausprobieren und üben möchtest, lies dir am besten zunächst die folgenden Hinweise durch. Nimm dir dann ca. 20 Minuten Zeit.

Die mündliche Klassenarbeit/Schulaufgabe dauert ca. 10 Minuten und besteht aus drei Teilen: **A**, **B** und **C**.

Teil A: Dein Lehrer/deine Lehrerin stellt dir zwei oder drei Fragen zum „Aufwärmen" *(= questions brise-glace)*, die du spontan beantworten sollst.

Teil B: Du schaust dir ein Bild/eine Abbildung an und beschreibst es/sie. Dabei sprichst du frei *(= monologue minute)*. Du hast keine Vorbereitungszeit.

Teil C: Mit einem Partner/einer Partnerin führst du einen Dialog *(= dialogue)* oder machst ein Rollenspiel *(= jeu de rôle)*. Deshalb gibt es zwei verschiedene Aufgaben-Bögen *(= „version partenaire"* auf der nächsten Seite). Falls du keine/n Partner/in zum Üben findest, kannst du auch erst die eine und dann die andere Rolle für dich allein üben.
Zur Vorbereitung hast du mit deinem Partner/deiner Partnerin 10 Minuten Zeit. Du kannst dir Notizen machen, aber während der Klassenarbeit/Schulaufgabe musst du frei sprechen.

Partie A: Questions brise-glace — Durée: 1–2 mn

– Est-ce que tu fais du sport?
Oui: – Qu'est-ce que tu fais comme sport? Dans un club? Avec qui? (Mit wem?)
Non: – Pourquoi? Tu aimes regarder des matchs de foot (Fußballspiele) à la télé?

Partie B: Parler d'une image (monologue minute) — Durée: 1–2 mn

Qu'est-ce qu'il y a sur la photo?
(Beschreibe das Bild und antworte auf die Fragen.)
– Qu'est-ce que les personnes (die Leute) mangent?
– Et quelles boissons (welche Getränke)?
– Qu'est-ce que la famille va faire après?
– Pourquoi est-ce qu'elle est là?
Regarde la famille et imagine-le.
(Schau die Familie an und stelle es dir vor.)

Partie C: Qu'est-ce qu'on prend? (jeu de rôle) — Durée: 4–6 mn

Tu es l'élève 1 et tu arrives au stand de crêpes.
Ton/Ta partenaire (l'élève 2) est le vendeur/la vendeuse.
Faites le dialogue.
– Zunächst erkundigst du dich, was die Crêpes und die Waffeln kosten.
– Außerdem möchtest du wissen, was ein Diabolo menthe ist.
– Du hast Hunger und Durst und möchtest gerne eine Crêpe au chocolat und ein Diabolo menthe. Das kostet 5,20 €. Du hast leider nur 5 € …
– Du findest das schade und überlegst …
– Am Schluss bedankst du dich freundlich und sagst etwas Nettes zu dem Verkäufer/der Verkäuferin …

Interro orale (Mündliche Klassenarbeit)

Damit du auch Wörter benutzen kannst, die nicht „offiziell“ eingeführt sind, schau dir vorher die Fotos im PDF „En plus-Vocabulaire“ auf der CD an und lerne die neuen Wörter!

Version partenaire

Die mündliche Klassenarbeit/Schulaufgabe dauert ca. 10 Minuten und besteht aus drei Teilen: **A**, **B** und **C**.

Teil A: Dein Lehrer/deine Lehrerin stellt dir zwei oder drei Fragen zum „Aufwärmen“ *(= questions brise-glace)*, die du spontan beantworten sollst.

Teil B: Du schaust dir ein Bild/eine Abbildung an und beschreibst es/sie. Dabei sprichst du frei *(= monologue minute)*. Du hast keine Vorbereitungszeit.

Teil C: Mit einem Partner/einer Partnerin führst du einen Dialog *(= dialogue)* oder machst ein Rollenspiel *(= jeu de rôle)*. Deshalb gibt es zwei verschiedene Aufgaben-Bögen (= *„version partenaire“* auf dieser Seite). Falls du keine/n Partner/in zum Üben findest, kannst du auch erst die eine und dann die andere Rolle für dich allein üben.
Zur Vorbereitung hast du mit deinem Partner/deiner Partnerin 10 Minuten Zeit. Du kannst dir Notizen machen, aber während der Klassenarbeit/Schulaufgabe musst du frei sprechen.

Partie A: Questions brise-glace

Durée: 1–2 mn

- *Qu'est-ce que tu aimes comme activité(s)?*
- *Où et comment est-ce que tu fais ton/tes activité(s)? Avec qui? (Mit wem?)*

Partie B: Parler d'une image (monologue minute)

Durée: 1–2 mn

Qu'est-ce qu'il y a sur la photo?
(Beschreibe das Bild und antworte auf die Fragen.)
- *Où sont les garçons et les filles?*
- *Le garçon a un problème (ein Problem) … Ils discutent.*
- *Qu'est-ce qu'ils vont faire?*

Imagine-le. (Stelle es dir vor.)

Partie C: Qu'est-ce qu'on prend? (jeu de rôle)

Durée: 4–6 mn

Tu es l'élève 2 et tu es vendeur/vendeuse au stand de crêpes.
Ton/Ta partenaire (l'élève 1) arrive à ton stand.
Faites le dialogue.
- *Zunächst sagst du, was die Crêpes und die Waffeln kosten.*
- *Außerdem erklärst du, was ein Diabolo menthe ist.*
- *Du sagst, dass die Bestellung (Crêpe und Diabolo menthe) 5,20 € kostet und stellst fest, dass er/sie nicht genug Geld hat. Du findest sie/ihn nett und hast eine Idee: Die 20 Cents schenkst du ihr/ihm.*
- *Du überlegst dir eine nette oder witzige Bemerkung dazu …*
- *Du wünscht ihm/ihr guten Appetit.*

Unité 6
On fait la fête!

Vis-à-vis

In Frankreich wird der letzte Schultag anders gestaltet als in Deutschland. Wie? Das kannst du in diesem Hörtext erfahren!

Ecouter **1**

L'école est finie[1].

Les grandes vacances vont bientôt commencer. A l'école, on prépare le dernier jour de classe. (Die großen Ferien werden bald beginnen. In der Schule bereitet man den letzten Schultag vor.)

25 **A** *Ecoute **la première partie** du document. Puis, coche la réponse correcte. (Höre den ersten Teil des Dokuments und kreuze dann die richtige Antwort an.)*

1. Monsieur Leblanc est le professeur de

français. ☐ | sport. ☐ | musique. ☐

2. Les grandes vacances vont commencer

mercredi. ☐ | jeudi. ☐ | vendredi. ☐

3. Avec la classe, il veut[2] chercher

le champion des poèmes. ☐ | le champion des chanteurs. ☐ | le champion des footballeurs. ☐

4. Clara trouve l'idée du prof

bonne. ☐ | intéressante. ☐ | bizarre. ☐

5. Pour le dernier jour d'école, la classe a déjà préparé

un grand jeu. ☐ | un stand de crêpes. ☐ | une surprise. ☐

26 **B** *Qu'est-ce que les élèves ont fait le dernier jour de classe? Ecoute **la deuxième partie** du document. Puis, coche la réponse correcte. (Was haben die Schüler am letzten Schultag gemacht? Höre den zweiten Teil des Dokuments und kreuze die richtige Antwort an.)*

1. Le matin, la classe a rangé

la cantine. ☐ | l'école. ☐ | le gymnase. ☐

2. Puis, ils ont fait des affiches avec

des poèmes. ☐ | des photos des profs. ☐ | des images. ☐

3. Ils ont posé les affiches sur les chaises[3] dans la cour et aussi

dans la salle des profs. ☐ | à la cantine. ☐ | dans les salles de classe. ☐

4. L'après-midi, les profs et les élèves ont

fait une fête dans la cour. ☐ | quitté l'école à deux heures. ☐ | fait du foot avec les parents. ☐

5. A quatre heures, tout le monde

a dansé. ☐ | a mangé des crêpes. ☐ | a quitté l'école. ☐

---

1 **L'école est finie.** *hier:* Das Schuljahr ist zu Ende. – 2 **il / elle veut** er / sie will – 3 **une chaise** ein Stuhl

TIPP

Unterscheide genau Laute und Wörter, sie sind nämlich für die Aussage des jeweiligen Satzes entscheidend!

Jeu de sons

2 Ecoute bien.

27 *Ecoute le document et coche la bonne phrase.*
(Höre das Dokument und kreuze den jeweils richtigen Satz an.)

1.	Je joue avec le chat!	☐	J'ai joué avec le chat.	☐
2.	Qu'est-ce que je fais là?	☐	Qu'est-ce que j'ai fait là?	☐
3.	J'ai dit: «Ils ont travaillé.»	☐	Jeudi, ils ont travaillé.	☐
4.	Nous avons rangé le cadeau.	☐	Nous avons mangé le gâteau.	☐
5.	Elles ont discuté une heure.	☐	Elles vont discuter une heure.	☐
6.	Les gens sont là aussi.	☐	Les jeunes sont là aussi.	☐
7.	Elles ont fait un grand tour.	☐	Elles ont fait une grande tour.	☐
8.	On a regardé un feu ensemble.	☐	On a regardé un jeu ensemble.	☐
9.	Il met un pull vert.	☐	Ils mettent un pull vert.	☐
10.	Je vais au bal.	☐	Je fais une balle.	☐

Parler

3 Comment on dit?

Du kannst schon sehr viele Dinge ausdrücken.
Was sagst du bei folgenden Situationen?
Beachte: Du musst ***in eigenen Worten*** *wiedergeben und sollst* ***nicht übersetzen****!*

- Du möchtest mitteilen, dass du keine Lust hast, deine kleine Cousine nächste Weihnachten wieder einzuladen.
- Du erzählst, dass du beim Fest der Heiligen Drei Könige einen guten Kuchen gegessen hast.
- Du erzählst, dass du gestern deine Sachen in deinem Zimmer aufgeräumt hast, weil deine Großmutter morgen am Bahnhof ankommt, um Ostern bei euch zu verbringen.
- Du willst auch deinem kleinem Bruder eine hübsche Geschichte erzählen.
- Du findest deinen Musiklehrer ziemlich schlecht / blöd und sagst auch noch, dass du deine grüne Kappe im Musiksaal vergessen hast.
- Du sagst deinem Vater, dass du seinem Freund eine Frage stellen willst.
- Du teilst deinen Eltern mit, dass du ihre Idee sehr schlecht findest und du wirklich sehr traurig bist, weil du nicht zum Musikfest gehen kannst.
- Du wirst mit Freunden auf den Ball gehen, aber du möchtest das Feuerwerk nicht anschauen, weil du nicht magst wenn alle Leute auf den Straßen sind.
- Du möchtest heute Abend ein weißes Hemd anziehen.
- Du sagst deiner Mutter, dass du deine Freundin anrufen möchtest.

TIPP

Bevor du anfängst, notiere dir zunächst einige Stichworte und übe die Sätze laut. Wenn du dich unsicher fühlst, kannst du sie zuerst aufschreiben, dann lernen und am Schluss ohne Notizen sprechen.

Lire / Vis-à-vis

4 Les fêtes en France

→ En plus CD, 1 △

Regarde les dessins, lis et complète les petits textes. Relie ensuite les images aux textes correspondants. (Schau dir die Bilder an, lies und ergänze die kurzen Texte. Verbinde sie dann mit den entsprechenden Bildern.)

TIPP

Keine Angst vor unbekanntem Vokabular! Du sollst nur den Zusammenhang verstehen. Du kannst aber auch schon mal üben, wie man mit dem Wörterbuch arbeitet, indem du diese Wörter nachschlägst.

a Au mois de juin, dans la rue, des groupes jouent de la musique, chantent des chansons. C'est un jour génial! Les gens écoutent la musique, tout le monde chante et danse ensemble.

C'est le ________ juin, la ____________________ .

1

b C'est une grande fête de famille au mois de décembre. C'est le jour des cadeaux pour tout le monde. Dans la nuit, un monsieur apporte des surprises pour toute la famille. Le matin, les enfants trouvent leurs jolis cadeaux et on fait une grande fête avec toute la famille.

C'est ______________________________ .

2

c Au mois de janvier, les familles font une fête et mangent un gâteau spécial: il s'appelle «la galette». Dans le gâteau, on trouve la petite fève et alors, on est le roi ou la reine de la fête.

C'est ______________________________ .

3

d En Allemagne, les lapins donnent des œufs en chocolat aux enfants mais en France, ce sont les cloches, elles apportent aussi des œufs. Les enfants cherchent dans leurs jardins ou leurs maisons pour trouver les chocolats.

C'est ______________________________ .

4

e C'est un jour au mois d'avril pour s'amuser. Les gens font des blagues avec des poissons en papier pour mettre sur les vêtements de leurs amis.

C'est amusant! C'est ____________________ .

5

Du findest eine weitere Übung zum Leseverstehen im „En plus"-Teil auf der CD.

Jeu de mots / En forme

5 Les vêtements et les couleurs (G 23)

A *Regarde les images et écris le nom des vêtements avec la couleur et avec l'article indéfini. (Schaue dir die Zeichnungen an und schreibe die Bezeichnung der Kleider mit der Farbe und dem unbestimmten Artikel auf. Welcher Begriff passt nicht? Streiche ihn durch.)*

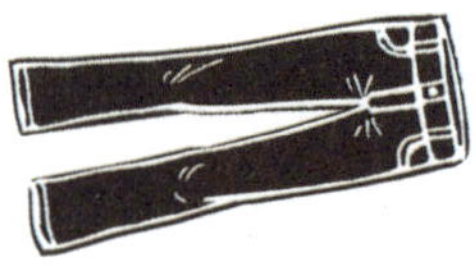

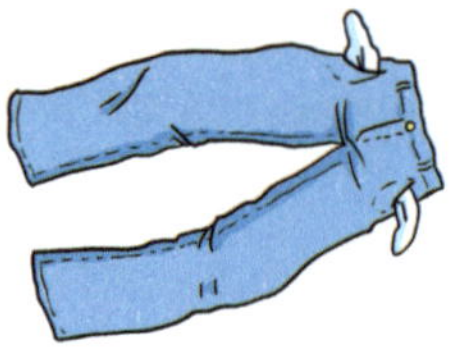

Ecrire

B *Quels vêtements est-ce que tu aimes/n'aimes pas? Pourquoi (pas)? (Welche Kleider magst du? Mit welchen Kleidern gehst du gerne wohin? Welche Kleider würdest du zu welcher Gelegenheit nicht anziehen? Warum?/Warum nicht? Schreibe es in dein Heft.)*

1

2

Ecrire

C *Choisis une des deux images de la partie* ***B*** *et raconte. Ecris environ 80 mots dans ton cahier. (Wähle eines der beiden Bilder des* ***B****-Teils aus und erzähle, was du* ***machen wirst/gemacht hast*** *bzw. was ihr* ***machen werdet/gemacht habt****. Schreibe ca. 80 Wörter in dein Heft.)*

TIPP

Mache den **C**-Teil nach ein paar Tagen und rufe dir die neuen Wörter wieder ins Gedächtnis!

Médiation

6 France – Allemagne!

Deine französische Brieffreundin Nadine ist bei euch zu Besuch und hört dem Gespräch zu. Sie möchte mehr zum deutschen Nationalfeiertag erfahren. Du dolmetschst zwischen ihr und deinen Eltern.

! *Im „En plus"-Teil findest du eine „Vis-à-vis"-Übung zu französischen Festen.*

TIPP

Du weißt, dass du nicht perfekt formulieren musst. Hier zwei wichtige Wörter als Hilfe:
„la réunification allemande"
= die deutsche Wiedervereinigung,
„Jour de l'unité allemande"
= Tag der Deutschen Einheit.

Nadine: Est-qu'il y a aussi une fête nationale en Allemagne comme chez nous en France le 14 juillet? Nous, les Français, nous aimons beaucoup le 14 juillet.

Du: ______________________________

____

____

Deine Eltern: Ja, klar, einen Nationalfeiertag haben wir natürlich auch, den 3. Oktober, den Tag der Deutschen Einheit. Man feiert ihn zum Gedenken an die deutsche Wiedervereinigung. Ein gutes Fest für uns Deutsche.

Du: ______________________________

____

____

Nadine: Et qu'est-ce que vous faites? Vous dansez aussi comme chez nous?

Du: ______________________________

Deine Eltern: Man kann Filme darüber im Fernsehen anschauen. Das ist interessant. Und den Tag der Deutschen Einheit mögen wir wirklich. Man tanzt nicht auf den Straßen wie in Frankreich – vielleicht machen das manche Jugendliche –, aber es gibt Konzerte und am Abend ist in Berlin ein großes Feuerwerk am Brandenburger Tor.

Du: ______________________________

____

____

____

____

Nadine: Ah oui, c'est super! Un jour, je vais fêter *(= feiern)* le 3 octobre avec toi et ta famille, c'est sûr!

Du: Mama, Papa, ______________________________
Das ist toll, nicht wahr?!

En forme

7 Hier et demain ... (G 22)

→ En plus CD, 4 △

TIPP

– Achte besonders auf die Satzstellung bei den verneinten Verbformen!

A *Le pauvre Pascal est à la maison, il est triste: **hier, il a eu** des problèmes. Lis les phrases et complète-les avec les verbes au passé. (Der arme Pascal ist zu Hause, er ist traurig: **Gestern hat** er Probleme **gehabt**. Lies die Sätze und ergänze sie mit den Verben in der Vergangenheit.)*

1. Hier, nous (faire) ____________________ une interro surprise en anglais. Catastrophe! Notre prof (demander) ____________________ trop de vocabulaire. J' (oublier) ____________________ beaucoup de mots. Et quand nous (corriger[1]) ____________________ ensemble, il (donner) ____________________ une très mauvaise note à cinq filles et à moi aussi!

2. Hier, après le cours d'anglais, j' (chercher) ____________________ mon portable pour téléphoner à maman. Avec mes copains, nous (regarder) ____________________ partout[2] mais ils (ne pas retrouver) ____________________ mon téléphone. Bizarre ! Alors, j' (téléphoner) ____________________ à maman avec le portable de mon ami Philippe.

3. Hier soir, quand mes parents (regarder) ____________________ mon interro d'anglais, mon père (discuter) ____________________ avec ma mère et ils (demander) ____________________ : «Pascal, pourquoi est-ce que tu (ne pas préparer) ____________________ ton interro? Tu (raconter) ____________________ des histoires! Tu (ne pas travailler) ____________________ . Alors, maintenant, la télé, c'est fini!»

B *Pascal fait un rêve: **demain, tout va bien aller**. Regarde les dessins et fais des phrases. (Pascal träumt: **Morgen wird alles gut gehen**. Schau dir die Zeichnungen an und bilde Sätze.)*

1

2

3

4

5

6

---

1 corriger qc etw. korrigieren / verbessern – **2 partout** überall

En forme

8 On prépare les vacances. (G 23)

La famille Robin fait les valises. La mère et ses enfants discutent ensemble.
(Familie Robin packt ihre Koffer. Die Mutter und ihre Kinder diskutieren miteinander.)

Complète les phrases avec les adjectifs à la bonne forme et à la bonne place.
(Ergänze die Sätze mit den korrekten Formen der Adjektive, achte auf die richtige Stellung im Satz: vor oder nach dem Nomen?)

1. *Marie:* Maman, qu'est-ce que je prends comme vêtements pour les vacances?

Mme Robin: Prends des (chaud) ______ vêtements ______ , comme ton (noir) ______ jean ______ et tes deux (rouge) ______ pulls ______ . Le soir, nous allons faire une (long) ______ promenade[1] ______ à pied. Et puis, nous allons aussi aller à la (grand) ______ fête ______ du 14 juillet!

2. *Marie:* Oh maman, deux pulls, non! C'est trop! Et puis, pour une (joli) ______ fête ______ comme le bal du 14 juillet, mettre un pull, ce n'est pas une (bon) ______ idée ______ , je ne suis pas (content) ______ ! Pour aller au bal, ce sont des (bizarre) ______ vêtements ______ ! Je voudrais porter une de mes deux (blanc) ______ robes ______ !

3. *Mme Robin:* Oui, ma chérie, c'est vrai, tu as tes deux (joli) ______ robes ______ . Mais alors, surtout tu prends aussi ta (gris) ______ veste[2] ______ comme l'(dernier) ______ année ______ , s'il te plaît.

4. *Philippe:* Maman, je prends mes deux (blanc) ______ pantalons ______ . Regarde, est-ce que je peux[3] aussi mettre mes (bleu) ______ baskets ______ ? Ce sont des (fantastique) ______ chaussures[4] ______ pour le sport!

5. *Mme Robin:* Mais Philippe, ce sont des (mauvais) ______ chaussures ______ pour aller à pied, tu sais bien. Enfin bon!

6. *Philippe:* Oui, et je vais aussi prendre mes deux (vert) ______ chemises ______ et ma (long) ______ veste ______ .

7. *Mme Robin:* D'accord mon chéri. Tu peux[5] prendre la (jaune) ______ valise ______ et aussi le (rouge) ______ sac ______ .

8. *Marie:* Quoi? Et moi alors? J'ai une très (petit) ______ valise ______ . Pourquoi? Ah non alors! Je ne suis pas d'accord! Je vais rester à la maison!

---

1 une promenade ein Spaziergang – **2 une veste** eine Jacke – **3 je peux** ich kann – **4 des chaussures** Schuhe – **3 tu peux** du kannst

En forme

9 Et moi alors? (G 25)

Pierre cherche des vêtements pour aller chercher son grand-père à la gare. (Pierre sucht Kleider, um seinen Großvater am Bahnhof abzuholen.)

*Lis les phrases, puis complète-les avec les formes correctes du verbe **mettre**. (Lies die Sätze und ergänze sie dann mit den richtigen Formen des Verbs **mettre**.)*

TIPP

Zum Üben kannst du Verbformen auswürfeln: *je* = 1, *tu* = 2, *il / elle* = 3, usw. Der Würfel zeigt dir, welche Form du bilden musst. Du kannst auf diese Weise die Verbformen mündlich und schriftlich trainieren.

1. – Maman, qu'est-ce que tu ______________________ pour aller à la gare?

2. – Je ______________________ ma robe bleue.

3. – Mes sœurs ______________________ aussi une jolie robe, non? Et papa ?

Qu'est-ce qu'il ______________________ ?

4. – Papa et moi, nous ______________________ un anorak! Et vous, les enfants,

vous ______________________ aussi votre anorak, s'il vous plaît.

5. – Mais enfin, maman, j'ai oublié mon anorak à l'école hier! Et moi alors?

6. – Oh oui, c'est vrai! Zut! Bon, alors, tu vas ______________________ ta veste[1] noire! Voilà!

Jeu de mots

10 Faire la fête

Tu organises une fête chez toi. Vous voulez chanter, danser, manger et boire. Note ce qu'il te faut pour la fête. (Du organisierst eine Party bei dir. Ihr wollt singen, tanzen, essen und trinken. Schreibe auf, was du für die Party alles brauchst oder was du vorbereiten möchtest.)

---

1 une veste eine Jacke

En forme

11 Moustique fait toujours des bêtises[1]! (G 12, 23, 24)

→ En plus CD, 2 △

Moustique a encore fait une salade de mots!
Mets les mots dans le bon ordre et écris les phrases.
Attention: ajoute la préposition «à» ou «de» et les articles corrects où il le faut. N'oublie pas l'accord des adjectifs!
(Moustique hat schon wieder einen Wortsalat gemacht!
Bringe die Wörter in die richtige Reihenfolge und schreibe die Sätze auf.
***Achtung:** Füge die Präpositionen „à" oder „de" und die passenden Artikel hinzu, wo es nötig ist. Vergiss nicht die Angleichung der Adjektive!*

1. de | votre | vacances | parlez | mère | grand | vous

2. montre | enfants | père | danse | petit | mon

3. ami | téléphonent | leur | grands-parents | mes

4. racontons | ma | histoire | sœur | nous | joli

5. demandes | cousine | robe | tu | blanc | ta

6. bal | professeur | photos | montre | fantastique | on

1 **faire des bêtises** *(f.) hier:* Blödsinn machen

Ecouter

1 Au bal du 14 juillet

Caroline, 16 ans, est au bal avec sa sœur Léa, 12 ans.

28 **A** *Ecoute la* ***première partie*** *du dialogue. Puis, coche la réponse correcte.*
(Höre den ersten Teil des Dialogs. Kreuze dann die richtige Antwort an.)

1. Le père des deux filles	a oublié sa cravate à la maison.	☐
	danse avec une amie.	☐
2. A la maison, la mère cherche	sa veste blanche.	☐
	sa robe blanche.	☐
3. Il est déjà	11 h et le bal a commencé.	☐
	11 h et le bal va commencer.	☐
4. Caroline	n'aime pas la musique.	☐
	a envie de danser.	☐
5. Léa	regarde un garçon intéressant.	☐
	trouve la musique super.	☐
6. Le garçon porte	un pull rouge.	☐
	une casquette verte.	☐
7. Il est	devant le stand.	☐
	derrière les tables.	☐
8. Le garçon est	un copain de classe de Caroline.	☐
	le cousin d'un copain de classe de Caroline.	☐
9. Le garçon	a déjà une copine.	☐
	cherche une copine.	☐
10. Léa trouve qu'elle est	déjà grande.	☐
	trop petite.	☐

29 **B** *Ecoute la **deuxième partie** du dialogue. Vrai ou faux? Coche.*
Maxime vient de quel pays? Coche.
(Höre den zweiten Teil des Dialogs. Richtig oder falsch? Kreuze an.
Aus welchem Land kommt Maxime? Kreuze auch Frage 10 an.)

	vrai	faux
1. Pour Maxime, Léa est une amie de Caroline.	☐	☐
2. Il trouve Léa jolie.	☐	☐
3. Léa n'a pas envie de danser avec Maxime.	☐	☐
4. Maxime demande pourquoi on fête le 14 juillet.	☐	☐
5. Pour Caroline, le 14 juillet est la fête nationale.	☐	☐
6. Pour Léa, le 14 juillet est le jour de la Révolution.	☐	☐
7. Maxime va montrer une petite photo à Léa.	☐	☐
8. Caroline va faire une petite danse avec Maxime.	☐	☐
9. Les parents des deux filles arrivent.	☐	☐

10. Maxime vient	de France ☐	du Canada ☐	de Suisse ☐

Grammaire et vocabulaire

2 On va à la Fête de la musique …

*Carole et sa sœur Nathalie discutent ensemble. Qu'est-ce qu'elles vont **mettre**?*
Lis leur dialogue et complète-le. (Lies ihren Dialog und ergänze ihn.)

Carole: Nathalie, c'est bientôt la Fête de la musique. Je vais ______ ______ (grünes Kleid), et toi? *Nathalie:* Moi, je ______ bien sûr ______ (rotes T-Shirt) avec ______ (weißer Rock). *Carole:* Ah bon? Oh, je ne sais pas, c'est trop classique! Ça ne va pas pour la Fête de la musique. Pour toi, je préfère[1] ______ (schwarze Jeans). Est-ce que tu ______ aussi ta ______ (blaue Mütze)? *Nathalie:* Bon d'accord, tu as raison … Nous ______ nos ______ (graue Hemden) comme l'année dernière? *Carole:* Oh non, ce n'est pas cool pour un mois de juin! Les filles de ma classe ______ des jolies fringues avec des couleurs: des ______ (gelbe Hosen) avec peut-être ______ (roter Hut). Alors, tu imagines[2]! *Nathalie:* Oh ça alors, avec les filles de ta classe, vous ______ des couleurs comme ça? *Carole:* Pourquoi pas? C'est la fête!

1 préférer qc etw. bevorzugen – **2 imaginer qc** sich etw. vorstellen

Ecrire

3 Au magasin de vêtements

Dans une boutique, tu as vu des fringues géniales. Ça tombe bien parce que tu cherches déjà des vêtements pour une fête de Noël. (In einer Boutique hast du super Klamotten gesehen. Das trifft sich gut, denn du suchst schon jetzt Kleider für eine Weihnachtsfeier.)

Ecris le dialogue en français.

Du	**Verkäuferin**
1. Du begrüßt die Verkäuferin.	**2.** Sie grüßt auch und fragt, was du suchst.
3. Du verlangst höflich Kleider für das Weihnachtsfest.	**4.** Sie zeigt dir ein grünes Kleid.
5. Das Kleid findest du hübsch, aber du weißt nicht so richtig, die Farbe gefällt dir nicht so sehr. Du fragst nach einem weißen Hemd.	**6.** Sie zeigt dir ein Hemd, aber es ist grau.
7. Du lehnst höflich ab. Du meinst, dass es auch zu klein für dich ist. Du möchtest dann einen weißen Rock.	**8.** Sie sagt, dass jeder Röcke sucht. Eine Katastrophe! Sie zeigt dir den letzten weißen Rock, den sie noch in ihrem Geschäft hat.
9. Leider ist er zu lang für dich. So ein Pech! Das findest du wirklich sehr schade.	**10.** Sie entschuldigt sich. Sie schlägt dir einen blauen Hut vor, den sie noch hat. Er kostet heute 10 Euro. Das wäre vielleicht ein gutes Geschenk.
11. Die Idee findest du toll. Der Hut gefällt dir, er ist für dich selbst. Du wirst den blauen Hut mit deiner gelben Hose anziehen.	**12.** Sie wundert sich und findet das seltsam für ein Familienfest wie Weihnachten.
13. Du bist nicht einverstanden, du findest das hübsch. Du bezahlst und verabschiedest dich.	**14.** Sie bedankt sich und verabschiedet sich auch.

Toi	**Vendeuse**
1. ______________________	2. ______________________
3. ______________________	4. ______________________
5. ______________________	6. ______________________
______________________	8. ______________________
7. ______________________	______________________
______________________	10. ______________________
9. ______________________	______________________
11. ______________________	12. ______________________
______________________	14. ______________________
13. ______________________	

Unité 7

Le Paris des touristes

Ecouter

1 P comme … projet à Paris

30 Le projet à Paris, c'est parti! Il est huit heures du matin …

A *Ecoute le document. Puis, coche la phrase correcte. (Höre das Dokument und kreuze dann den richtigen Satz an.)*

TIPP

Bevor du diese Aufgabe bearbeitest, solltest du dir das Atelier C Station 2 der Unité (S. 110/111 in deinem Buch) noch einmal durchlesen.

- [ ] A Paris, deux enfants allemands font une interview avec un monsieur.
- [ ] A Cologne, un monsieur français pose des questions à deux enfants.
- [ ] A Paris, un monsieur fait une interview avec deux enfants allemands dans le métro.

B *Ecoute le document encore une fois et coche la bonne réponse. (Höre das Dokument noch einmal und kreuze die richtige Antwort an).*

1. Qui a proposé[1] le week-end à Paris?

- [ ] Les élèves de la classe 6b.
- [ ] La prof de français.
- [ ] Les parents.

2. Le projet des élèves, qu'est-ce que c'est?

- [ ] Ils font une recherche sur Paris, sur Internet.
- [ ] Ils écoutent les interviews de Léo et de son papa.
- [ ] Ils font des interviews, comme Léo et son papa.

3. Comment est-ce qu'ils ont préparé le projet?

- [ ] Ils ont écrit[2] un courriel à Léo.
- [ ] Ils ont cherché des bonnes questions.
- [ ] Ils ont fait un reportage.

4. Quel est le sujet[3] du projet de Rabea et d'Oliver?

- [ ] Les moyens de transport à Paris.
- [ ] Le système vélib' à Paris.
- [ ] Les couloirs du métro de Paris.

5. Le monsieur, quand est-ce qu'il prend le métro?

- [ ] Toujours.
- [ ] De lundi à vendredi.
- [ ] Le samedi et le dimanche.

6. Quand il fait beau, que fait le monsieur?

- [ ] Il va à pied, c'est pratique.
- [ ] Il prend la voiture, ça va vite.
- [ ] Il prend le vélo, c'est écologique[4].

7. Est-ce que le monsieur a une voiture?

- [ ] Non: c'est rop cher.
- [ ] Non: il y a déjà trop de voitures à Paris.
- [ ] Oui, mais il préfère[5] le métro. En métro, il n'est pas en retard.

---

1 proposer vorschlagen – **2 ils ont écrit** sie haben geschrieben – **3 un sujet** ein Thema – **4 écologique** ökologisch – **5 il préfère** er bevorzugt

Lire

2 La Géode

Avant de lire le site web, trouve et écris la traduction allemande des mots. (Bevor du die Website liest, finde die deutsche Übersetzung der Wörter und schreibe sie auf. Du merkst bestimmt, dass die Wörter im Deutschen ähnlich sind!)

TIPP

Wenn du es leichter haben möchtest oder dich noch ein wenig unsicher fühlst, kannst du vor dem Bearbeiten der Aufgabe die kleine Vokabelarbeit machen. Du kannst sie aber auch überspringen, wenn du dich fit fühlst, um die Vokabeln beim Lesen **aus dem Zusammenhang** zu verstehen.

l'architecture: ______________________

hyper moderne: ______________________

la technique: ______________________

un dinosaure: ______________________

un tyrannosaure rex: ______________________

un éléphant: ______________________

La Géode

… est dans le Parc de la Villette, à Paris.

Elle est devant le musée de la Cité des sciences.

Tout le monde aime l'architecture hyper moderne de la Géode. Mais qu'est-ce que c'est?

Venez à La Géode, achetez un billet[1], entrez et découvrez[2] le cinéma 3D géant[3] et ultra moderne.

On montre des films en 3D avec une super technique et sur un écran immense[4].

Comme ça, vous êtes vraiment dans le monde des dinosaures, vous rencontrez un tyrannosaure rex, comme il est grand! Est-ce qu'il va vous manger?

Vous regardez peut-être le reportage sur les éléphants et les singes[5], il fait chaud, il pleut un peu, les singes crient[6] …

Ou vous découvrez le monde bleu et fantastique sous l'eau avec ses animaux[7] bizarres qui ont des couleurs très jolies: rouge, jaune, orange. Vous oubliez que c'est un film, vous êtes dans l'eau et vous avez envie de jouer avec les animaux sympas …

Un rêve[8]!

Un rêve pour les enfants, pour les parents et les grands-parents, pour les familles, pour les profs et pour les classes de collège – enfin, pour tout le monde.

Alors, regardez le programme http://www.lageode.fr
et réservez vos places: www.digitick.com
Téléphone: 01 40 05 79 99
Courriel: mailto.information@lageode.fr

1 acheter un billet eine Eintrittskarte kaufen – **2 découvrez; vous découvrez** entdeckt / entdecken Sie; ihr entdeckt / Sie entdecken – **3 géant** riesig – **4 un écran immense** eine riesige Leinwand – **5 un singe** ein Affe – **6 crier** schreien – **7 des animaux** Tiere – **8 un rêve** ein Traum

A *La Géode, qu'est-ce que c'est? Regarde le site web et lis le texte, puis coche le billet d'entrée correct pour la Géode.*
(Sieh dir jetzt die Webseite an und lies den Text, kreuze dann die Eintrittskarte an, die für die Géode gilt.)

Parc de la Villette –	Parc de la Villette –	Parc de la Villette –
Cité des Sciences Musée de La Géode	Cité des Sciences Zoo de La Géode	Cité des Sciences Cinéma de La Géode
☐	☐	☐

B *Lis le texte encore une fois et coche les phrases correctes.*
(Lies den Text nochmals und kreuze die richtigen Sätze an.)

1. La Géode est
- ☐ dans le parc des Batignolles.
- ☐ derrière le musée de Louvre.
- ☐ devant le musée de la Cité des sciences.

2. Dans La Géode, il y a
- ☐ un cinéma 3D avec un écran très grand.
- ☐ une piscine avec des animaux bizarres.
- ☐ des dinosaures animés[1].

3. Dans La Géode, il y a
- ☐ des animaux.
- ☐ des films sur les animaux.
- ☐ des familles avec leurs animaux.

4. Dans le programme «sous l'eau»
- ☐ on joue vraiment avec des animaux bizarres.
- ☐ on oublie qu'on regarde un film.
- ☐ on regarde des singes, ils jouent.

5. Les dinosaures
- ☐ crient beaucoup.
- ☐ ont des couleurs bizarres.
- ☐ ont envie de manger les visteurs[2].

6. La Géode, c'est intéressant
- ☐ surtout pour les enfants.
- ☐ surtout pour les classes de collège.
- ☐ pour tout le monde.

---

1 animé(e) beweglich / animiert – **2 un visiteur** ein Besucher

Ecrire

3 Des cartes postales

Tu es en vacances à Paris et tu écris des cartes postales.

A *Lis les éléments de la carte postale, puis complète-la.*
(Lies die Elemente der Postkarte, ergänze sie dann.)

TIPP

Auf S. 109 im SB findest du drei Postkarten, die du als Muster nutzen kannst.
- Wie kannst du den Adressaten anreden?
- Welches Satzzeichen folgt darauf?
- Schreibt man den ersten Buchstaben des Textes groß oder klein?
- Welche Grußformeln kennst du?

_______________ Clément

Je / je _______________  de Paris.

Aujourd'hui, il fait _______________  et

j'ai _______________ 

la tour _______________ . La _______________ 

est _______________  .

_______________________________ ! Alexandre

B *Imagine: c'est toi sur l'image. La carte est pour ta copine française, Sarah.*
(Stelle dir vor, dass du auf dem Bild bist. Schreibe die Karte an deine französische Freundin Sarah.)

Ecouter/ Médiation

4 Un autre tour de France ...

31 *Du bist in Paris bei der Familie deiner französischen Freundin Anne für 3 Tage eingeladen. Es ist Freitagabend und ihr sitzt beim Abendessen. Ihr diskutiert, was ihr am Wochenende unternehmen wollt. Die Mutter deiner Freundin, Frau Guilhem, hat eine Idee, die dich begeistert!*

Nach dem Abendessen willst du deiner Mutter am Telefon sagen, was du von der Unterhaltung verstanden hast. Du notierst dir deshalb in Stichworten:

- Was Frau Guilhem vorschlägt,
- wohin ihr geht und wie ihr dort hinkommt,
- welche Sehenswürdigkeiten zu sehen sind, vor allem im Norden (3 Sehenswürdigkeiten),
- was ihr bei dem Besuch sonst noch entdecken könnt (2 Städte-Angaben),
- welche anderen Attraktionen es gibt.

! *Du kannst zuerst den Text vorbereiten, indem du im „En plus"-Teil (⟶ CD) das unbekannte Vokabular durcharbeitest.*

TIPP

Versuche beim ersten Hören zu verstehen, worum es geht. Lass dich nicht durch Wörter ablenken, die du nicht gleich verstehst. Versuche beim zweiten Hören, die wichtigsten Informationen zu verstehen, die du jemandem mitteilen möchtest.

France Miniature

Parler

5 Vous désirez?

→ En plus CD, 3 △

A *Prépare le jeu de rôle de la partie **B**: tu es le client/la cliente. Qu'est-ce que tu dis? Qu'est-ce que le vendeur/la vendeuse répond? (Bereite das Rollenspiel des **B**-Teils vor: Überlege, was du als Kunde/ Kundin sagst und was der Verkäufer/die Verkäuferin antwortet.)*

TIPP

Schau dir noch einmal den Dialogkasten im SB auf S. 113 und S. 188 an und präge dir die Wendungen, die man beim Einkaufen braucht, gut ein. Achtung: Du brauchst nicht jedesmal alle Wendungen anzubringen!

Vendeur / Vendeuse	Client / Cliente
1. Du **begrüßt** den Kunden/die Kundin und **fragst**, was er/sie wünscht.	**1.** Du **grüßt** und **verlangst** etwas.
2. Du **bedauerst**, dass du das Gewünschte nicht (mehr) hast.	**2.** Du **bedauerst**, dass es nicht vorrätig ist und verlangst etwas anderes.
3. Du sagst, dass das Gewünschte **vorrätig** ist.	**3.** Du fragst nach dem **Prei**s.
4. Du sagst, dass das gewünschte Produkt **nicht teuer** ist und was es **kostet**.	**4.** Du sagst, dass es **(zu) teuer** ist.
5. Du **händigst** es dem Kunden/der Kundin **aus**.	**5.** Du sagst, was du **nimmst**.
6. Du **verabschiedest** dich und wünschst einen **schönen Tag**.	**6.** Du **bedauerst** und **verabschiedest** dich.

B *Maintenant, travaille avec un copain/une copine. Regardez les images et faites des dialogues. Jouez les scènes. Changez de rôle. (Schau mit einem Freund/einer Freundin die Bilder an und spielt anschließend Einkaufsszenen. Vergesst nicht, die Rollen zu tauschen.)*

Lire / En forme

6 Des interviews (G 26, 27)

→ En plus CD, 4 △

Un reporter fait des interviews pour Radio Allô Musique. Maintenant, il parle à deux filles, Pauline et Océane.

A *Lis le texte, puis complète le texte avec les bonnes formes du verbe «lire».*

Reporter: Pardon, mesdemoiselles. Je m'appelle Jo et je fais un reportage pour Radio Allô Musique. Vous avez une minute pour quelques questions?

Pauline: Oui, bien sûr.

Reporter: Vous aimez les livres?

Pauline: Les livres? Pas trop.

Reporter: Qu'est-ce que vous ________________ alors?

Océane: Moi, je ________________ des BD, c'est tout.

Pauline: Mais non, écoute. Tu ________________ aussi des blogs sur Internet. Moi et ma sœur, nous ________________ des magazines. Papa et maman ________________ beaucoup, même des gros[1] livres.

Reporter: Les livres, c'est pour les grandes personnes alors?

Océane: Ah non, à l'école, on ________________ beaucoup de livres. Notre prof adore les romans. Elle ________________ deux livres par semaine. Elle nous dit: «Les enfants, ________________ beaucoup. Alors vous allez faire des découvertes[2].» Elle est vraiment bizarre …

B *L'interview continue. (Das Interview geht weiter.)*
Lis les questions du reporter et les réponses des filles.
Puis, complète le texte avec les bonnes formes du verbe «écrire».

Reporter: Vous n'avez pas envie de lire. Et écrire alors? Vous ________________ … euh … des poèmes?

Pauline (regarde sa copine): Des poèmes?? Tu ________________ des poèmes, Océane?

Océane: Non, je n' ________________ rien. A l'école on ________________ des devoirs et des interros. Beurk! C'est toujours: «Les élèves, ________________ l'exercice dans votre cahier. Et toi, Océane, ________________ vite.» C'est la ca-ta-strophe!

Reporter: Les élèves n' ________________ plus de lettres[3] aujourd'hui?

Pauline: Si, nous ________________ des courriels et surtout des SMS. Ça va vite, c'est super!

---

1 gros, grosse dick – **2 une découverte** eine Entdeckung – **3 une lettre** ein Brief

En forme

7 Des quantités[1] (G 28)

Regarde les images et fais des phrases. Mets la quantité d'après les symboles de l'encadré et utilise les mots indiqués. (Schau die Bilder an und bilde Sätze. Verwende die richtigen ***Mengenangaben*** *gemäß den Symbolen des Kastens und die angegebenen Wörter.)*

+	=	**viel(e)**	–	=	**wenig(e)**
+ +	=	**zu viel(e)**	0	=	**kein(e)**
			Ø	=	**kein(e) mehr**

! Nach Mengenangaben steht im Französischen immer ein de/d'. Dies gilt auch für die Verneinung, denn „kein(e)" ist auch eine Menge: eine Nullmenge. Natürlich gibt es Ausnahmen, die findest du in der Übung.

1

gens +

2

clients + +

3

élèves Ø

4

gens –

5

chats 0

1. ______________________________

2. ______________________________

3. ______________________________

4. ______________________________

5. ______________________________

1 **des quantités** *(f.)* Mengenangaben

En forme

8 Maurice est triste. (G 29)

→ En plus CD, 5 △

Maurice est triste. Paul arrive et pose des questions à son ami. Mais Maurice dit toujours non. Lis les questions de Paul, puis écris les réponses pour Maurice.

> **!** Hier geht es um **Verneinung**. Die Ausnahmen findest du im § 28 des GBH

Paul: Salut, Maurice. Tu as mal?

Maurice: Non, ______________________________ .

Paul: Tu as des problèmes?

Maurice: Non, ______________________________ .

Paul: Mais tu as quelque chose!

Maurice: Non, ______________________________ .

Paul: Si, tu as quelque chose! Mais pourquoi? Tu as encore des amis.

Maurice: Non, ______________________________ .

Paul: Et moi, alors? Ce n'est pas vrai. Philippe est aussi un bon copain.

Maurice: Non, Philippe ______________________________ . Il est nul.

Paul: Nul?? Léa est la copine de Philippe maintenant?

Maurice: Non, Léa ______________________________ .

Ah, je ne sais pas. Elle n'écrit pas.

Paul: Alors, c'est ça. Oublie les filles. Viens, on va à la cantine. Tu aimes les spaghettis.

Maurice: Non, ______________________________ .

Paul: Dommage. Mais tu as faim, non?

Maurice: Non, ______________________________ . Ecoute, qu'est-ce que c'est?

(Il regarde son portable.) Un SMS de Léa. Elle est à la cantine … Viens vite, Paul.

9 Les moyens de transport

A *Comment s'appellent les moyens de transport?*
Ecris les mots et n'oublie pas l'aritcle défini.

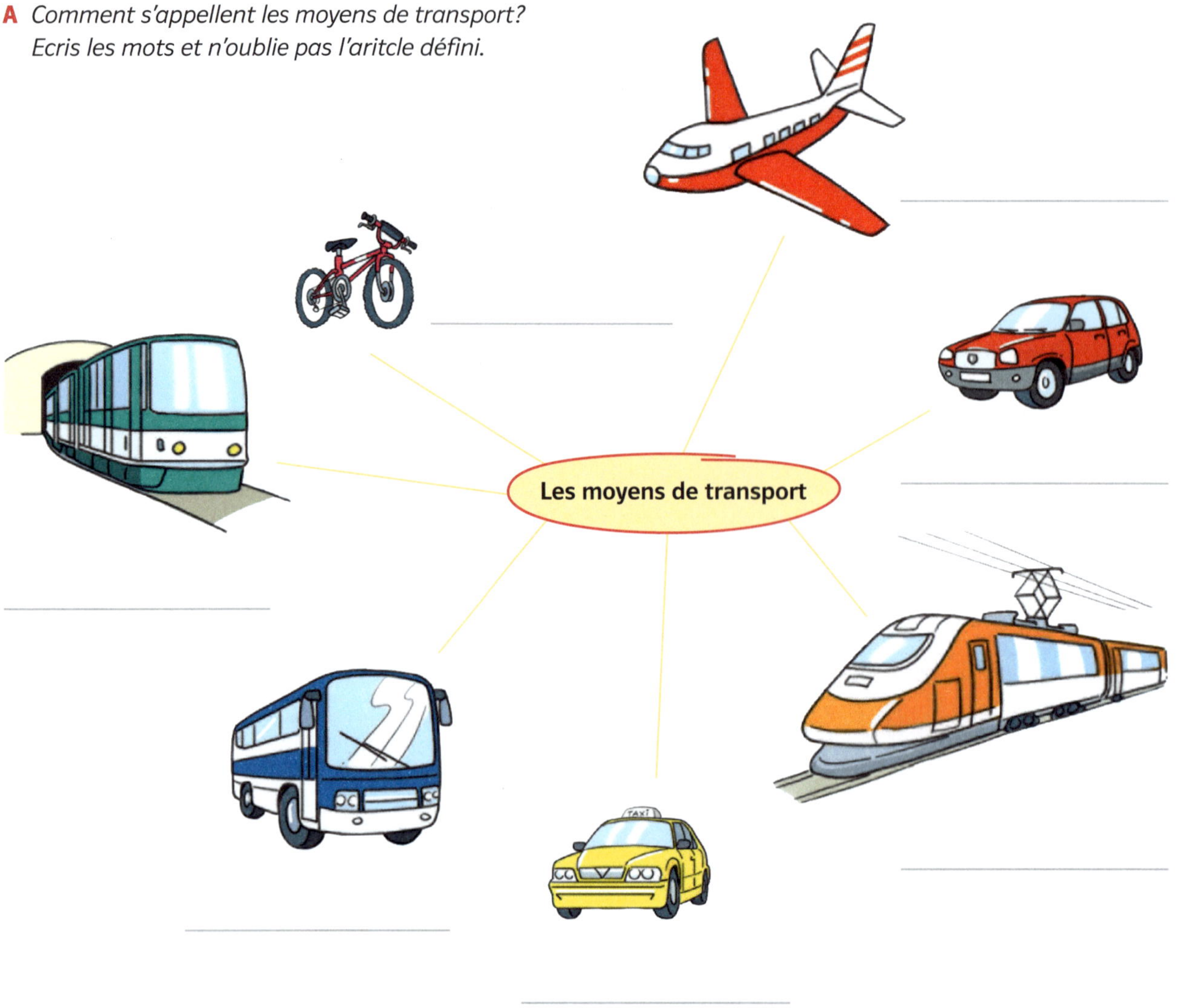

B *Maintenant lis les phrases et complète-les.*
Les consonnes vont t'aider. Attention: ***à*** *ou* ***en****?*
(Lies die Sätze und ergänze sie.
Die ***Konsonanten*** *in Klammern werden dir helfen,*
das richtige Verkehrsmittel zu finden.
Achtung: Wie lautet die richtige Präposition: ***à*** *oder* ***en****?)*

1. M. Blanchard va au travail ______________________ **(mtr)**. **2.** Mme Blanchard travaille loin, alors elle va ______________________ **(trn)**. **3.** Les enfants vont à l'école ______________________ **(bs)**. **4.** Aujourd'hui, il fait beau, alors ils vont ______________________ **(vl)**. **5.** Papi Blanchard retrouve ses copains ______________________ **(pd)**. **6.** Ce soir, M. et Mme Blanchard vont au théâtre. Ils vont ______________________ **(tx)** ou ______________________ **(vtr)**. **7.** Les Banchard passent leurs vacances en Allemagne. C'est loin, alors ils vont ______________________ **(vn)**.

Les mots
les lettres

10 Quel temps fait-il en avril?

TIPP

Die **Tageszeiten** findest du im Buch auf S. 186.
Was die **Symbole** bedeuten, erfährst du im Buch auf S. 108.

Tu regardes la météo sur Internet. Quel temps fait-il?
(Du schaust im Internet den Wetterbericht an.)

A *Ecris d'abord quand c'est dans la journée, puis fais des phrases.*
(Trage zuerst die Tageszeit ein, bilde dann 8 Sätze.)

Aujourd'hui

1 6h – 12h  ______

2 12h – 17h  ______

3 17h – 22h  ______

4 22h – 6h  ______

Demain

5 6h – 12h  ______

6 12h – 17h  ______

7 17h – 22h  ______

8 22h – 6h  ______

1. ______

2. ______

3. ______

4. ______

5. ______

6. ______

7. ______

8. ______

B *Voilà trois scènes: à Strasbourg, à Toulouse et à Paris. Note quel temps il y fait et ce que les personnes font. (Hier sind drei Szenen: in Straßburg, in Toulouse und in Paris. Schreibe in dein Heft, welches Wetter dort ist und was die Personen machen.)*

1

2

3

Les mots et les lettres

11 Un séjour[1] à Paris

→ En plus CD, 1 △, 2 △

A *Tu vas passer un week-end à Paris avec tes parents. Vous allez visiter beaucoup d'endroits. Ecris les noms des monuments sous les photos. (Deine Eltern und du, ihr wollt in Paris viel besichtigen. Schreib die Namen der Sehenswürdigkeiten unter die Fotos.)*

1 un séjour ein Aufenthalt

B *C'est fatigant de visiter des monuments à pied, alors tes parents et toi, vous préparez un tour à vélo! Avec le système Vélib', c'est pratique! Il y a une station tous les 300 mètres environ. (Es ist anstrengend alle Sehenswürdigkeiten zu Fuß zu besichtigen. Deshalb bereitet ihr eine Besichtigungstour mit dem Fahrrad vor! Mit dem System Vélib' ist das praktisch! Ungefähr alle 300 Meter gibt es eine Fahrrad-Haltestelle.)*

Vous commencez votre tour dans le 8ᵉ arrondissement à la station Vélib' du boulevard des Batignolles. Vous terminez votre visite dans le 4ᵉ arrondissement à la station Vélib' Boulevard Bourdon. (Ihr beginnt eure Tour ***im 8. Arrondissement an der Station „Boulevard des Batignolles"*** *und beendet sie* ***im 4. Arrondissement an der Station „Boulevard Bourdon"****. Welche Strecke radelt ihr? An welchen Sehenswürdigkeiten kommt ihr vorbei? Schau den Plan an und zeichne die Strecke ein. Schreib Sehenswürdigkeiten auf, an denen ihr vorbeikommt.)*

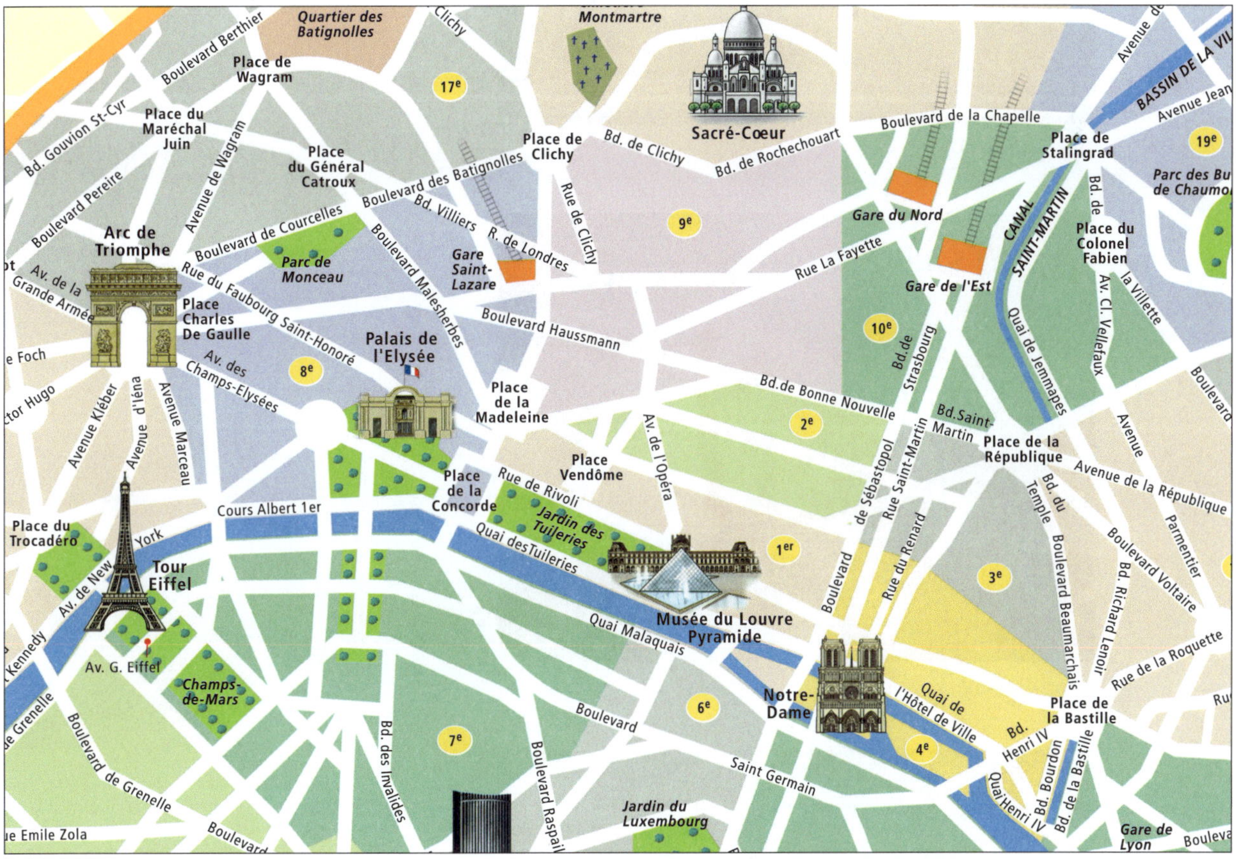

C *Comme vous voulez visiter aussi des attractions pendant votre séjour, tu t'informes sur Internet. (Da ihr außer kulturellen Sehenswürdigkeiten auch noch etwas anderes erleben möchtet, informierst du dich im Internet. Suche nach diesen Freizeiteinrichtungen. Die Schlüsselwörter, die unter jedem Foto stehen, gibst du in die Suchmaschine ein. Schreibe neben jedes Foto mindestens 2 besondere Dinge, die man dort erleben kann – oder auch mehr!)*

Disneyland Paris

Parc Astérix

Aquaboulevard

Ecouter

1 On visite Paris.

32 Emma et Sandrine Chapsal, deux sœurs de Toulouse, sont à Paris pour trois jours. Emma téléphone à sa mère.

A *Ecoute le document. Puis coche la bonne image.*
(Höre das Dokument an und kreuze dann das richtige Bild an.)

1

☐

2

☐

3

☐

B *Ecoute le document encore une fois. Vrai ou faux? Coche.*
(Höre das Dokument noch einmal. Richtig oder falsch? Kreuze an.)

	vrai	faux
1. Emma et sa mère discutent au téléphone.	☐	☐
2. Emma et sa sœur habitent à l'hôtel à Paris.	☐	☐
3. A Paris, il ne pleut pas aujourd'hui.	☐	☐
4. Aujourd'hui, Sandrine et Emma ont visité la tour Eiffel.	☐	☐
5. Puis, elles ont fait un tour à pied à la Seine.	☐	☐
6. A midi, l'oncle Marcel a invité les filles au restaurant.	☐	☐
7. Demain, il va faire mauvais.	☐	☐
8. Emma et Sandrine vont voir[1] la Joconde.	☐	☐
9. Emma va chercher des cadeaux au marché aux puces.	☐	☐
10. Emma et Sandrine vont arriver à Toulouse vendredi soir.	☐	☐

C *Maintenant, corrige les phrases fausses dans ton cahier.*
(Korrigiere jetzt in deinem Heft die ***Sätze, die falsch sind****.)*

---

1 voir qc etw. sehen

Grammaire et vocabulaire

2 «Allez, on travaille …»

Léo et son père préparent les interviews.

Lis leur dialogue et complète-le avec les formes correctes des verbes indiqués. Mets la quantité d'après les symboles de l'encadré.
(Lies ihren Dialog und ergänze ihn mit den richtigen Formen der angegebenen Verben. Verwende die richtigen ***Mengenangaben*** *gemäß den Symbolen des Kastens.)*

+	=	**viel(e)**	**–**	=	**wenig(e)**
++	=	**zu viel(e)**	**0**	=	**kein(e)**
			Ø	=	**kein(e) mehr**

1. *Papa:* Allez, Léo, on travaille. D'abord, on ____________ les textes sur Paris	lesen
dans les livres, puis on ____________ les questions pour les interviews,	schreiben
d'accord? **2.** *Léo:* Mais il y a ____________ livres! Est-ce que je	**++**
____________ les textes sur Internet? Je préfère[1] Internet, il y a ____________	lesen / **–**
textes mais ____________ images … **3.** *Papa:* D'accord, Léo.	**+**
Regarde, on n'a ____________ papier … **4.** *Léo:* Nous ____________	**Ø** / schreiben, *verneint*
____________ sur l'ordinateur, papa? **5.** *Papa:* Si, mais pour les interviews	
dans la rue, on prend des questions sur papier. Alors, où est le papier? *Léo:* Je ne sais	
pas … ah, le voilà! *Papa:* Merci, Léo. **6.** *Léo:* Papa, nous ____________	schreiben
____________ questions? **7.** *Papa:* Pour les gens à la Défense,	**+**
nous ____________ ____________ questions, ils n'ont pas	schreiben / **–**
____________ temps, ils travaillent toujours, mais pour les touristes, oui!	**+**
8. *Léo:* Mais pour les questions, je n'ai ____________ idées …	**0**
9. *Papa:* Bon, ____________ encore les textes …	lesen *(Imperativ Pl.)*
Tu ____________ le texte sur le Louvre? Et moi, j' ____________	lesen / schreiben
les questions sur la tour Eiffel … **10.** *Léo:* Mais papa, tu ____________,	schreiben, *verneint*
tu rêves? *Papa:* Oui, je rêve! Je voudrais travailler et rester à Paris pour toujours …	

1 préférer qc etw. lieber mögen

Médiation

3 La tour Montparnasse

Du verbringst mit deiner Familie einige Tage in Paris. Ihr wart am Eiffelturm und hättet gerne die Stadt von ganz oben gesehen, aber bei den langen Schlangen an den Kassen war es nicht möglich. Aber du hast einen Vorschlag, denn jemand hat dir dieses Faltblatt in die Hand gedrückt. Du zeigst es deinen Eltern und erklärst ihnen:

- Weshalb dein Vorschlag eine gute Idee ist und genau das bietet, was ihr wolltet,
- warum die Terrasse besonders interessant und toll ist,
- was es auf der 56. Etage gibt, was du sonst noch über den Turm erfährst,
- ob ihr heute noch dort hinauf könntet (es ist 15.30 Uhr),
- die Eintrittspreise für dich, deine Eltern und deine kleine Schwester von 4 Jahren.

Schreibe deine Erklärungen in Stichworten auf Deutsch in dein Heft.

Horaires
Du 1er octobre au 31 mars:
Lundi à jeudi: 9h 30 – 22h 30
Vendredi à dimanche:
9h 30 – 22h 30
Du 1er avril au 30 septembre:
Tous les jours: 9h 30 – 23h 30

Tarifs

Adultes:	7,00 €
Jeunes de 16 – 20 ans:	4,00 €
Enfants de 7 – 15 ans:	3,00 €
Handicapés:	2,50 €

Gratuit pour les enfants de moins de 7 ans.

La tour Montparnasse: une vue fantastique sur Paris!

Infos sur la tour
La tour Montparnasse se trouve[1] au centre de Paris, à côté de[2] la gare Montparnasse. Avec ses 210 mètres de hauteur et ses 59 étages, elle offre[3] une vue fantastique sur la ville de Paris. Une chose intéressante: sous la tour, il y a une grande station de métro et quatre lignes de métro traversent la station!

La terrasse
Depuis[4] la terrasse, au 59e étage, regardez le panorama à 360°. Vous n'allez pas oublier la vue sur Paris et ses quartiers, ses boulevards et ses rues. Cherchez et regardez les monuments: la tour Eiffel, Notre-Dame, le Louvre, etc.
Quand il fait beau, vous pouvez voir[5] jusqu'à 40 km!
Et le soir, c'est encore plus beau!

Le 56e étage
Au 56e étage, vous trouvez une petite salle de cinéma. Là, on montre un film de 15 minutes sur la ville de Paris. C'est très intéressant.
Le film est en français et en anglais.
Il y a aussi une boutique de souvenirs. Vous cherchez un cadeau de Paris? Il y a beaucoup d'idées dans la boutique, des t-shirts, des livres, des DVD, des gadgets[6], des cartes postales …
Vous avez faim ou soif? Venez prendre quelque chose dans la cafétéria.
Elle est aussi au 56e étage.

Alors, bienvenue sur la tour Montparnasse!

---

1 se trouver sich befinden – **2 à côté de** neben – **3 elle offre** *hier:* er bietet – **4 depuis** von … aus – **5 voir qc** etw. sehen – **6 des gadgets** *(m.)* kleine Deko-Gegenstände

Audiomaterialien

Track	Unité	Page	Exercice	Titre (Titel)	Durée (Dauer)
1	1	4	1 A	**Dialogues**	02:56
2	1	5	1 B	**Dictée (Dialoge am Stück)**	00:56
3	1	5	1 B	**Dictée (Dialoge diktiert)**	02:00
4	1	5	2	**Ecoute bien.**	00:42
5	1	13	1	**Interro: Salut! Bonjour!**	01:52
6	2	16	1	**Dans la rue**	01:28
7	2	17	2 A	**Ecoute bien.**	01:17
8	2	17	2 B	**Ecoute bien**	01:09
9	2	24	1	**Interro: Monsieur Laplage à Paris**	01:58
10	3	27	1	**Madame Arnault et Madame Gros**	02:11
11	3	28	2	**Ecoute bien.**	01:19
12	3	35	1	**Interro: Dans une maison de la presse**	01:50
13	3	PDF	1 A	**En plus: Mme Avril parle de sa classe.**	01:10
14	3	PDF	1 B	**En plus: Mme Avril parle de sa classe.**	01:27
15	3	PDF	1 C	**En plus: Mme Avril parle de sa classe.**	04:13
16	3	PDF	2	**En plus: Mme Avril parle de sa classe. (Dictée)**	04:58
17	4	38	1	**Le micro qui bouge.**	03:33
18	4	39	2	**Ecoute bien.**	01:59
19	4	46	1	**Interro: Tu aimes le collège?**	02:51
20	4	PDF	1	**En plus: Le micro qui bouge.**	04:31
21	4	PDF	2	**En plus: Chez les Dubois**	02:50
22	5	49	1	**Un nouveau au judo**	03.14
23	5	PDF	3 A	**En plus: Ecoute bien. (Jeu de sons)**	01:59
24	5	PDF	3 B	**En plus: Ecoute bien. (Virelangues)**	01:42
25	6	59	1 A	**L'école est finie.**	01:48
26	6	59	1 B	**L'école est finie.**	00:57
27	6	60	2	**Ecoute bien.**	01:37
28	6	68	1 A	**Interro: Au bal du 14 juillet**	02:10
29	6	68	1 B	**Interro: Au bal du 14 juillet**	02:41
30	7	71	1	**P comme ... projet à Paris**	04:08
31	7	75	4	**Médiation: Un autre tour de France ...**	03:34
32	7	85	1	**Interro: On visite Paris.**	03:26
					Gesamtzeit: 74:41

Die CD-ROM enthält außerdem:

Solutions: Lösungen und Lösungsvorschläge zu Unité 1–7 (PDF)
En plus: Zusatzaufgaben zu allen Kompetenzen (PDF)
Auto-Evaluation: Bögen zur Selbstkontrolle (PDF)
Liste de travail: Arbeits- und Zeitpläne (PDF)